Hartwig von Schubert

Volkskirchen als Bürgerkirchen

Hartwig von Schubert

Volkskirchen als Bürgerkirchen

Die Genesung der religiösen Kultur Europas am Beispiel des deutschen Protestantismus

Fromm Verlag

Impressum / Imprint
Bibliografische Information der Deutschen Nationalbibliothek: Die Deutsche Nationalbibliothek verzeichnet diese Publikation in der Deutschen Nationalbibliografie; detaillierte bibliografische Daten sind im Internet über http://dnb.d-nb.de abrufbar.

Bibliographic information published by the Deutsche Nationalbibliothek: The Deutsche Nationalbibliothek lists this publication in the Deutsche Nationalbibliografie; detailed bibliographic data are available in the Internet at http://dnb.d-nb.de.

Coverbild / Cover image: www.ingimage.com

Verlag / Publisher:
Fromm Verlag
ist ein Imprint der / is a trademark of
OmniScriptum GmbH & Co. KG
Heinrich-Böcking-Str. 6-8, 66121 Saarbrücken, Deutschland / Germany
Email: info@frommverlag.de

Herstellung: siehe letzte Seite /
Printed at: see last page
ISBN: 978-3-8416-0573-3

Inhaltsverzeichnis

Einleitung

Entgegen manch kritischer Bewertungen halte ich die sogenannte konstantinische Wende nicht für ein Verhängnis und Verrat am Geist des Evangeliums, sondern für einen außerordentlichen Glücksfall der Geschichte. Die enorm dichte Verschmelzung des orientalischen Monotheismus mit der hellenistischen Kultur im politischen Gefäß des römischen Imperiums ist als Vermittlung sehr gegensätzlicher kultureller Formationen vermutlich ein Ausnahmefall in der Menschheitsgeschichte. Und sie ist nicht nur die Wurzel des „Abendlandes" und der daraus hervorgegangenen europäischen Expansion, sie erweist sich längst als Wurzel der aus dieser Expansion hervorgegangenen vielfältigen Modernen. So ist sie zum Schicksal der gesamten Menschheit geworden. Damit dieses Schicksal der Menschheit nun nicht doch zum dauerhaften Verhängnis wird, bedürfen Modernisierungsprozesse innerer Korrektive. Ein solches Korrektiv können organisierte Religionen darstellen. Dazu müssen diese aber ein Mindestmaß an Reife, Selbstreflexion, Eigenständigkeit und Unabhängigkeit ausweisen.

Der europäische, insbesondere deutsche Protestantismus hat sich im letzten Jahrhundert seiner Geschichte aus der babylonischen Gefangenschaft des landesherrlichen Kirchenregimentes weithin befreien können. Je mehr dies gelang, desto mehr konnte das kirchliche Leben seine kritische Korrekturfunktion entfalten, sowohl gegenüber dem Staat als auch gegenüber anderen gesellschaftlichen Akteuren und zu allererst natürlich gegenüber sich selbst und seinen Institutionen. Denn nur so können protestantische Kirchen und ihre Organisationen zeigen, warum es sie geben soll, warum sie nicht nur anderer gesellschaftliche Kräfte verdoppeln und inwiefern sie für ihre Zeitgenossen attraktiv sein könnten.

Die Säkularisierung kann so als Verlust und Gewinn verbucht werden. Ich nenne die schlechten Nachrichten zuerst: religiöser Analphabetismus, Verlust an gesellschaftlicher Komplexität, Schwächung zivilgesellschaftlicher Kräfte im Verhältnis zu den Einflüssen von Markt und Staat, soziale und kulturelle Entwurzelung, diverse aggressive Wiederverwurzelungsversuche. Dem stehen aber deutliche Gewinne gegenüber. Von der Funktion der Legitimationsbeschaffung von Herrschaftsordnungen entlastet, können Religionen und Konfessionen sich auf ihre eigentliche Funktion besinnen. Nur wenn die zur Totalität neigende moderne Gesellschaft noch etwas außerhalb ihrer selbst erkennt, kann sie sich selbst erkennen. Die Reiche dieser Welt hätten nur immer wieder sich selbst als Spiegel, gäbe es nicht das Reich, das nicht von dieser Welt ist. Sie müssten sich unablässig misstrauisch lauernd umkreisend, könnten sie sich nicht auf ein außer Konkurrenz laufendes Drittes beziehen. So aber gibt es einen ideellen Raum, in dem nicht über Macht entschieden, sondern über Sinn verhandelt werden kann. Und eben das gelingt nur, wenn sich dieser ideelle Raum aus der engen Bindung mit Kult-, Markt-, Herrschafts- und Rechtsordnungen löst und sich diesen Ordnungen als Raum des freien Wortes, als Raum der freien Kunst und nicht zuletzt als Raum des Intimen und Privaten gegenüber setzt. Aus der europäischen Religionsgeschichte, aus ihrem Elend und ihrem Glanz lässt sich diesbezüglich lernen, eben gerade nicht, weil sie in irgendeiner Weise vorbildlich wäre, sondern weil sie gleichursprünglich mit dem Beginn der Neuzeit in eben diejenigen Ambivalenzen verstrickt ist, die für Modernisierungen typisch sind.

Im Zuge der Säkularisierung haben sich die europäischen christlichen Konfessionen aus der Sozialgestalt von Staatsreligionen in die von Bürgerreligionen gewandelt, ganz abgeschlossen ist diese Prozess nicht, aber sehr weit gediehen. Es gibt dabei unterschiedliche Modelle von nominellen Staatskirchen über enge Kooperationen staatlicher und kirchlicher Strukturen bis hin zum strikten Laizismus.[1] Nun sind die aus der europäischen Religionsgeschichte hervorgegangenen großen Kirchen nicht einfach zu NGO's *(Non Governmental Organizations)* geworden. Dazu sind sie nach wie vor kulturell viel zu tief verankert, gesellschaftlich zu breit engagiert, vereinen höchst unterschiedliche Milieus und sind auch viel zu stark an Mitgliedern. In diesem Sinne bleiben sie „Volkskirchen". Aber sie sind je für sich im Status von Minderheiten angekommen. Und so können sie als „Kirchen engagierter Bürger" als Muster dienen für andere bürgerliche Institutionen. In dem Maße nämlich, in dem die Affinität marktlicher und staatlicher Machtpositionen zu einer bestimmten Konfession schwindet, wird es z.B. unerheblich, aus welcher Religion oder Konfession diejenigen kommen, die die gesellschaftlichen Spitzenpositionen einnehmen. Konfessionen bilden keine Klientele mehr. Das gesellschaftliche Spiel um die Macht wird durchlässiger, alternativenreicher, offener. Bezogen auf aktuelle Debatten: Sollte eine große traditionsreiche europäische Nation einen Politiker islamischen Glaubens in das Amt des Staatspräsidenten wählen, muss das eben nicht mit der kollektiven nationalen „Unterwerfung" unter dessen Religion einhergehen.[2] Im Gegenteil, es bewiese die Stärke eines lebendigen Verfassungspatriotismus mit hoher Binnendifferenzierung. Für die Vereinigten Staaten von Amerika war es noch eine Sensation, als der Katho-

---

1 Vgl. die umfangreiche Studien zu Verfassung und Finanzierung von Religionsgemeinschaften in *Lienemann, W.* (1989, Hrsg.); *Rau, G., Reuter, H.-R., Schlaich, K.* (1997, Hrsg.) und die neuere Literatur: *Gatz, E.* (2000); *Frerk, C.* (2002); *Hammer, F.* (2002); *Herrmann, H.* (2003); *Heinig, H. M. / Walter, C.* (2007, Hrsg.); *Pospischil, A.* (2013).

2 Vgl. *Houellebecq, M.* (2015).

lik John F. Kennedy Präsident wurde. *God's own Country* unterwarf sich damit allerdings weder dem Vatikan noch dem kanonischen Recht.

Im Folgenden beginne ich im ersten Kapitel mit einem historischen Längsschnitt durch die Geschichte des Protestantismus im 19. und 20. Jahrhunderts unter der besonderen Frage nach dem Typus seiner Sozialgestalten und ihrer gesellschaftlichen Legitimation. Im zweiten Kapitel zeige ich, wie sich der Protestantismus zu einer Bürgerreligion wandelt, in der Konfessionalität vom identitätspolitischen Machtkalkül befreit und erfolgreich durch Professionalität gefüllt wird und wie sich Professionalität theologisch begründen lässt. Denn so lautet mein theologisches Argument: Nicht zuletzt darin kann sich das Wort erfüllen, dass der Sabbat für die Menschen da ist und nicht die Menschen für den Sabbat. Unter anderem im Gewand bürgerlicher Professionen kann eine Religion zeigen, was sie als Beweis des Geistes und der Kraft (Lessing) gegen sozialtechnokratische und ökonomistische Imperative aufzubieten hat. Die protestantische Antwort lautet „Anerkennung, Solidarität und Bildung".

I. Protestantische Kirchen zwischen Staat und Bürger

1. Kirchliches Leben in Deutschland im 19. und 20. Jht.

Die starke Minderheit

„Seit der deutschen Vereinigung ist die Einwohnerzahl Deutschlands vor allem durch Zuwanderung aus dem Ausland, beispielsweise von Aussiedlerinnen und Aussiedlern und anderen Personen aus den Ländern des ehemaligen Ostblocks, von 79,8 Mill. auf 82 Mill. bzw. um knapp 3 % gestiegen. Von dieser Zunahme haben aber die beiden großen christlichen Volkskirchen nur unwesentlich profitiert, vielmehr muss eine stark gegenläufige Entwicklung zwischen den Einwohnern, die der evangelischen oder der römisch-katholischen Kirche angehören, einerseits und den Einwohnern, die keiner oder einer sonstigen Religionsgesellschaft angehören, andererseits konstatiert werden. So ist die evangelische Bevölkerung im Zeitraum von 1990 bis 2008 (neuere Daten liegen noch nicht vor) von 29,4 Mill. auf 24,5 Mill. Personen und damit um 4,9 Mill. Personen bzw. 16,7 % zurückgegangen, die Zahl der römisch-katholischen Einwohner hat im gleichen Zeitraum von 28,3 Mill. auf 25,2 Mill. Personen und damit um 3,1 Mill. Personen bzw. 10,8 % abgenommen. Die Zahl der Einwohner ohne bzw. mit sonstiger Religionszugehörigkeit („übrige“) hat dagegen um 10,2 Mill. Personen und damit um 46,5 % zugenommen und ist auf mittlerweile 32,3 Mill. angewachsen.“[3]

---

[3] Vgl. *Eicken, J., Schmitz-Veltin, A.* (2010), Die Entwicklung der Kirchenmitglieder in Deutschland. Statistische Anmerkungen zu Umfang und Ursachen des Mitgliederrückgangs in den beiden christlichen Volkskirchen, in: Statistisches Bundesamt. Wirtschaft und Statistik 6/2010, 576-589.

Wer sich Gedanken macht über Kirchenaustritte und demographischen Wandel in Europa, über Motive unterschiedlicher Milieus im Blick auf Kirche und Religion, über die „Krankheit“ oder die „Gesundheit“ oder die „Genesung“ des religiösen und kirchlichen Lebens, der kann dies exemplarisch studieren an der „Krankengeschichte“ der Kirche und der Diakonie in Deutschland in den letzten 150 Jahren. An diesem Beispiel kann deutlich werden, welches „genetische Erbe“ überhaupt zur Debatte steht. So mündete z.B. der in der Mitte des 19. Jhts. beginnende charismatische Aufbruch der Diakonie ein Jahrhundert später in einer sozialstaatlich geprägten Unternehmenslandschaft, die den einen als Verlust an Kirchlichkeit, den anderen als „Erfolgsstory“ gilt. Die heutige Diakonie hatte sicher Vorläufer schon im 16. Jht. in der Errichtung von Armenpflegeinstitutionen im Rahmen der reformatorischen Stadtverfassungen und der landesherrlichen Kirchenregiments. Heute aber trägt sie endgültig das uns bekannte Janusgesicht von „Verein“ und „Betrieb“. Von außen betrachtet erscheint sie mit Kronenkreuz und theologischem Führungspersonal als Teil der evangelischen Volkskirche. Aus Sicht der Gemeinden aber ist sie eine Art anonymer Sozialindustrie. In ihrem Selbstverständnis ist sie eine NGO, also nicht-staatlich, aber für die Sozialministerien der Bundesländer ist sie im Wohlfahrtsstaat fest eingeplant. So wurde sie im 20.Jahrhundert zu einer eigenständigen, religiös motivierten Sozialgestalt neben den evangelischen Landeskirchen. Diese und andere komplexe Entwicklungen im Verhältnis von Staat, Kirche und Zivilgesellschaft prägen das Bild der Kirche in der heutigen modernen Gesellschaft in erheblichem Maße. Sind diese Entwicklungen nun heilsam oder schädlich, sind sie gesund oder krank? Sollen sie so bleiben, oder sollte man sie einer Therapie unterziehen?

Legen wir eine sorgfältige Anamnese an: Seit Mitte des 19. Jhts. bis in die erste Hälfte des 20. Jhts. hinein steht der Protestantismus im Nordwesten Europas vor den Herausforderungen der ersten großen Krise der *frühen Moderne*: Die Industrialisierung löst einerseits durch die Steigerung der Produktivität große Hoffnungen aus, andererseits entwurzelt sie ganze Generationen im Zuge demographischer Wanderungen und führt Millionen von Menschen in die Verelendung. Die industrielle Produktion fordert den flexiblen Menschen, bei dem die Familie, die Kirche und die Bildung der Arbeit nach- und untergeordnet werden. Staatliches, wirtschaftliches und kulturelles Leben differenzieren sich aus in jeweils selbständige gesellschaftliche Subsysteme. Auch Religion wird ein System neben anderen. In den säkularen Strukturen verflüchtigt sie sich: Im OP einer diakonischen Klinik wird bei der Schichtübergabe niemand gesegnet, niemand spricht ein Gebet. Das war in den Bodelschwingh'schen Anstalten einmal anders. Traditionelle Institutionen haben so erheblich an Relevanz, Glaubwürdigkeit und Prägekraft verloren.

Neue Formen der Alltagsbewältigung wurden der Krise entgegengestellt und sollten den Gewinn der industriellen Revolution sichern – die Soziologie spricht vom Projekt der *organisierten* Moderne. Ihre Hauptinstrumente waren und sind die moderne Staatsanstalt und das kapitalistische Unternehmen. In seinen Extremen mündete dieses Projekt in den quasireligiösen Totalitarismus, dessen erschreckendem Erfolg sich die moderne Zivilisation in der ersten Hälfte des 20. Jhts. nur unter unendlichem Leiden erwehren konnte. Und in all diesen turbulenten Wandlungen blieb das, was wir noch unbestimmt „Volkskirche" nennen, in Deutschland erhalten. Unser „Patient" zeigte sich durchaus stabil und belastbar. Doch das Ganze noch einmal etwas detaillierte der Reihe nach!

Aufbruch der Diakonie im 19. Jahrhundert

In Deutschland nimmt die Geschichte der Volkskirche einen besonderen Verlauf, der sich von der Geschichte des Protestantismus in anderen Industrienationen nicht nur geschichtlich, sondern auch strukturell erheblich unterscheidet. Auf die materielle und geistige Verelendung breiter Bevölkerungsschichten reagieren engagierte Bürgerinnen und Bürger seit den 30er Jahren des 19. Jhts. mit der Sammlung von Vereinen und der Gründung von „Anstalten". Eines der prominentesten Beispiele ist die Gründung des Rauhen Hauses in Hamburg im Jahr 1833. Oft sind die Gründerinnen und Gründer inspiriert durch zivilgesellschaftliches Verantwortungsgefühl oder auch durch die christlichen Erweckungsbewegungen. Sie können allerdings die staatskirchlichen Institutionen trotz vieler Bemühungen nicht für ihre Visionen gewinnen. Sie setzen deshalb nicht auf die Kraft der überkommenen Institutionen, brechen aber andererseits auch nicht aus der politischen Doktrin des Kaiserreiches – größtmögliche Versorgung bei geringstmöglicher demokratischer Mitwirkung – aus. Vielmehr wollen sie den neu erweckten Tatendrang und das noch ungeordnete Engagement der Bürgerinnen und Bürger bündeln und effektiv gestalten. Im Jahr der bürgerlichen Revolution und der Erscheinung des Kommunistischen Manifestes 1848 hält Johann Wichern seine berühmte Stegreifrede auf dem Wittenberger Kirchentag und wird Mitglied in dem von der Versammlung am 12. November 1848 gegründeten Centralausschuss der Inneren Mission, einem lockeren Zusammenschluss der vielen aufbrechenden Initiativen. Man darf die Frontstellungen, die darin liegen, nicht übersehen, sie richtet sich nicht nur gegen das Elend und die darin liegende Gefahr für das Gemeinwesen, nicht nur gegen die Trägheit mancher landesherrlicher Konsistorien und Pfarrerschaften[4], sondern auch gegen konkurrierende Initiativen: 1847 kommt es z.B. in Hamburg mit der Gründung des Pestalozzistifts in Billwerder für verwahrloste Kinder durch eine Freimaurerloge zu einer Art Gegengründung zum Rauhen Hause im Geiste konfessionsfreier Humanität.

Im Rahmen der Kriegswohlfahrtspflege nach 1914 beginnt der Staat die unübersichtliche Landschaft der Hilfsdienste gegen den Widerstand von katholischer Caritas und evangelischer Innerer Mission zu zentralisieren und zu rationalisieren. Kämpften

---

4 Wichern ist keine Ausnahme. Welche enorme regionale Vielfalt die protestantischen Kirchen aufweisen, zeigt ein Vergleich zwischen *Janz, O.* (1994) und *Kuhlemann, F.-M.* (2001).

noch in der Zeit des I. Weltkrieges die privaten Initiativen vornehmlich mit dem Staat um geregelte Formen der Wohltätigkeit, so reift den liberalen und konfessionellen Gruppierungen in den 20er Jahren in der Sozialdemokratie ein neuer Gegner heran. Insbesondere deren linker Flügel entwickelt eigene wohlfahrtsstaatliche Konzepte. Die Sozialpolitik des Deutschen Reiches steht jedoch unter dem dominierenden Einfluss der Zentrumspartei und des Reichsarbeitsministeriums und verschafft der freien Wohlfahrtspflege eine günstige Stellung im Rahmen des Ausbaus der Bismarck´schen Sozialgesetzgebung mit ihrem Ziel, Massennotständen wie Invalidität, Krankheit und Verelendung mit gesetzlich geordneten Mitteln wirksam begegnen zu können.

Die „Landeskirche" nach dem Untergang des „christlichen Staates"

Die traditionellen Landeskirchen bleiben angesichts der "Erfolgsstory Diakonie" nicht untätig. Von 1870 bis 1920 reagieren sie auf den Zustrom in die industriellen Ballungszentren mit der Teilung der landeskirchlichen Massenparochien und der Herausbildung vereinsähnlicher Gemeindestrukturen unter Beteiligung von Kirchenvorständen (Emil Sulze). Sonderpfarrämter und soziale Dienste werden errichtet auf gemeindlicher und übergemeindlicher Ebene. Ab 1919 entstehen Gemeindedienste. Die verschiedenen Formen kirchlichen Lebens von der „amtskirchlichen" Behörde über die vereinsförmige Gemeinschaft bis zum professionellen „Dienst" differenzieren sich von nun an immer weiter auseinander und bilden zunehmend miteinander unverbundene Subkulturen innerhalb der diffusen „Volkskirche". Auf der Seite der Landeskirche stehen sich die parochialen Gemeinden mit ihren traditionellen drei Grundpfeilern Kasualpraxis, Konfirmandenunterricht und sonntäglichem Gottesdienst auf der einen Seite und den vielfältigen zielgruppenorientierten Bildungseinrichtungen auf der anderen Seite gegenüber; beide erheben Anspruch auf Repräsentation kirchlicher „Basis". Ihnen gegenüber bildet die Diakonie noch einmal eine ganz eigene Welt. Jeder der drei Bereiche hat seine eigene Legitimation, Hierarchie und Klientel.

Beim Zusammenbruch des Reiches am Ende des I. Weltkrieges kommt es 1918 zur Trennung von Staat und Kirche. Die Landeskirchen verlieren – anders als die Diakonie – mit dem Untergang des "christlichen Staates" ihren "sozialen Leib". Sie müssen sich deshalb als eigenständige Organisationen entwickeln und können dies auch unter dem grundrechtlichen Schutz durch die Weimarer Verfassung. Dies bewährt sich insbesondere nach der Machtergreifung durch das NS-Regime, da nun die Leitung der Kirche nicht mehr wie vor 1918 unmittelbar mit der politischen Führung verbunden ist. Der totalitäre Staat aber fordert nun Diakonie und Kirche unter sein Diktat. In den Jahren 1933 – 1945 begeben sich die Innere Mission und ihre Untergliederungen angesichts der drohenden Gleichschaltung – Umwandlung in NS-Organisationen – unter den Schutz der Landeskirchen und der staatlich anerkannten offiziellen Kirchenleitung. Soweit funktioniert die geistliche Immunabwehr gegen die totalitäre Infektion. Gleichwohl wird auch die Diakonie nach 1933 nicht anders als auch die Landeskirchen schuldig. Das diakonische Anstaltswesen wird in vielen Fällen unfreiwillig zum Instrument "rassenhygienischer" Sanierungs- und Ausrottungspolitik. Schuldig werden Diakonie und Kirche, indem sie die jüdische Herkunft und das historische Menschsein Jesu verleugnen und die Menschlichkeit und Achtung des Schwachen verraten, die die Religion und Tradition des jüdischen Volkes kennzeichnen. Im Kampf zwischen „Deutschen Christen“ und „Bekennender Kirche“ liegt die Volkskirche in schwerem Fieber.

Zersplitterung versus Bündelung der Kräfte nach dem II. Weltkrieg

Die zweite Hälfte des 20. Jahrhunderts führt die Kirche und die Diakonie nach dem Kaiserreich, nach dem Ende der gerade von den Eliten unzureichend unterstützten Weimarer Demokratie und nach dem Aufstieg und dem Untergang des NS-Regimes nun Schritt für Schritt in die neue Welt einer demokratisch verfassten, pluralistischen Gesellschaft. Beide werden zu Nutznießern des modernen, volkswirtschaftlich klug entworfenen nationalen keynesianischen Wohlfahrtsstaates und spüren inzwischen ebenso die Folgen der Schwächung nationalstaatlicher Politiken im Zuge der Globalisierung (Verlagerung von Produktionsstandorten, Abhängigkeit von Kapitalströmen, Bedrohung von Sozialstandards etc.). Leidet die Volkskirche nach einer Phase der Genesung von einer lebensbedrohlichen Krise doch weiterhin dauerhaft an wohlstandsbedingten notorischen „Zivilisationskrankheiten"?

Zunächst machen sich die evangelischen Kirchen unmittelbar nach Endes des II. Weltkrieges und angesichts der Verheerungen durch den Krieg und das Flüchtlingselend an die Gründung des Evangelischen Hilfswerks (Kirchenkonferenz in Treysa), das später zusammen mit dem Landesverband der Inneren Mission das Diakonische Werk bilden wird. Die Westalliierten betrachten die beiden großen Konfessionen und ihre Institutionen der Wohlfahrtspflege als Partner der gesellschaftlichen Erneuerung, die Bundesrepublik übernimmt den grundrechtlichen Schutz der Kirchen aus der Weimarer Verfassung in das Grundgesetz und schafft so eine günstige Ausgangslage für den Eintritt von Kirche und Diakonie in das "goldene Zeitalter des Kapitalismus" (1950 – 1972) mit all seinen Chancen und Risiken.

Auch nach 1945 konstituieren sich die Landeskirchen weiterhin in den Grenzen, die ihnen in der Tradition des landesherrlichen Kirchenregiments gesetzt waren. Weder folgte etwa eine Hamburgische Landeskirche dem Groß-Hamburg-Gesetz der 20er Jahre noch fügten sich kleine Landeskirchen wie die von Eutin, Schleswig und Lübeck in die Bildung des neuen Bundeslandes Schleswig-Holstein ein. Erst massiver ökonomischer Druck zwang in den 70er Jahren zur Bildung der Nordelbischen Kirche unter Einbeziehung mehrerer Kirchen im Bereich zweier Bundesländer und inzwischen zur Bildung der an Holland, Dänemark und Polen grenzenden Nordkirche. In anderen Regionen stehen vergleichbare Prozesse aus. Auch im Bereich der

Diakonie kommt es in Westdeutschland zur Bündelung von Kräften. 1957 beginnt auf Initiative des Hamburger Bischofs Volkmar Herntrich der Prozess des Zusammenschlusses von Evangelischem Hilfswerk und dem Centralausschuss der Inneren Mission; 1976 ist diese Entwicklung mit der Neubegründung des Vereins "Diakonisches Werk" abgeschlossen. Das bewusst vereinsrechtlich geordnete Diakonische Werk umfasst in ökumenischer Weite mehr als die Landeskirchen, diese wiederum erinnern ihre Partner durch ihren Namen „Kirche" daran, dass alles christliche Handeln im Zeichen von Bildung, Gerechtigkeit und Solidarität sich als Interpretation von Handlungen wie Predigt, Taufe, Abendmahl versteht. Die inneren Stoffwechselprozesse über alle Organe und Extremitäten der Volkskirche hinweg bleiben erhalten, auch wenn sie schwächer, vielleicht aber auch schlicht undramatischer werden.

Landeskirche und bürgerlicher Protestantismus im pluralistischen Gemeinwesen

Nach den Gründerjahren der Diakonie im 19. Jht. und der Trennung von Kirche und Staat am Beginn des 20. Jhts. kann man die Bundessozialhilfegesetzgebung Anfang der 1960er Jahre durchaus als den dritten großen Wendepunkt in der „Biographie" des organisierten Protestantismus' in Deutschland in den letzten 150 Jahren werten. Diese Wende ist nun endgültig fest eingewoben in die Herausbildung einer modernen Zivilgesellschaft, die sich von der mythischen Überfrachtung von Kirchenorganisationen, Staat und Partei zugunsten einer pragmatischen Balance der Kräfte zu lösen vermag. Der westdeutsche Wohlfahrtsstaat – zunächst unter der alleinigen Regierung der CDU/CSU und bestätigt durch ein Urteil des Bundesverfassungsgerichtes – garantiert der gesamten freien Wohlfahrtspflege seit 1961 mit § 10 Bundessozialhilfegesetz (BSHG) und § 5 Jugendwohlfahrtsgesetz (JWG) gegen den Widerstand von SPD, FDP, vier Städten und vier Bundesländern einen Vorrang vor der öffentlichen Wohlfahrtspflege im Sinne historisch-faktischer Anerkennung. Es folgt die umfassende Novellierung der Sozialgesetzgebung, die, einer alten sozialdemokratischen

Forderung folgend, den Rechtsanspruch des Bürgers auf Hilfe endgültig festlegt. Eine kräftige, die Rezepte von Ferdinand Lassalle und John Maynard Keynes kombinierende Vollwertkost verschafft auch der Diakonie einen enormen Wachstumsschub. Die damit eröffnete enorme Ausweitung sozialstaatlicher Leistungen führt u.a. dazu, dass Diakonie und Caritas im Zeichen der vornehmlich verbandsbezogen verstandenen „Subsidiarität“ zusammen mit den anderen vier Verbänden zu dem vielerorts unbekannten Riesen namens „freie Wohlfahrtspflege“ anwachsen. Ihre Spitzenverbände sind die Arbeiterwohlfahrt (AWO), der katholische Deutsche Caritasverband (DCV) der Deutsche Paritätische Wohlfahrtsverband (Der PARITÄTISCHE) das Deutsche Rote Kreuz (DRK), die Diakonie Deutschland im Evangelischen Werk für Diakonie und Entwicklung, die Zentralwohlfahrtsstelle der Juden in Deutschland (ZWST). Ein islamischer Verband wäre wünschenswert.

Allein in Diakonie und Caritas sind bundesweit heute eine dreiviertel Million Menschen beruflich tätig. Inhaltlich kommt es zu weiteren Entwicklungsschüben, die sich in vier Hinsichten gliedern lassen: Differenzierung, Professionalisierung, Selbsthilfeorientierung, Internationalisierung. Insbesondere wurden damals durch die Entwicklungen in Wissenschaft und Praxis Professionalitätsmaßstäbe neu beschrieben, die zu einer rapiden Veränderung der Hilfestandards führten, besonders deutlich in Psychiatrie und Jugendhilfe. Das zunehmende Selbstbewusstsein von Bürgerinnen und Bürgern wird seit Ende der 70er Jahre in Gründungen von Selbsthilfegruppen deutlich; Menschen mit gleichen Leiden schließen sich – auch innerhalb der Verbände – zusammen, Eltern behinderter Kinder setzen sich gemeinsam für ihre Kinder ein, arbeitslose Sozialarbeiterinnen und Sozialarbeiter suchen in der Sammlung Betroffener ein Betätigungsfeld etc. Ein weiterer wichtiger Bereich ist die grenzüberschreitende Partnerschaftsarbeit und weltweite Diakonie. „Brot für die Welt“ und andere Organisationen mit ihren starken Partnern im evangelischen Pressewesen können erhebliche Mittel für die Unterstützung der Kirchen in Osteuropa und in

Übersee mobilisieren. Die Begegnung mit den Partnern führt zugleich zu Anfragen und zum Umdenken in Bezug auf den eigenen Lebensstil und zum Bedenken der Fragen einer gerechten Weltwirtschaft.

Nicht zu unterschätzen ist dabei die Bedeutung der im internationalen und zeitübergreifenden Vergleich üppigen Kirchensteuereinnahmen seit Ende der 1950er Jahre. Zwei Indizien reichen, um dies zu belegen: die Rolle der EKD als Hauptfinanzier des Ökumenischen Weltrates der Kirchen und der im Verhältnis zu den Mitgliederzahlen enorme Bestand an Standorten, Bauten und vor allem Personal in den west- und bis 1989 auch ostdeutschen Kirchen. Allerdings bringen schon die 1970er Jahre nach Ölkrise und Beginn der ökologischen Krise das Ende der Vollbeschäftigung. Die Leistungskraft des Sozialstaates stößt an Grenzen, der sozialreformerische Schwung bricht sich an harten wirtschaftlichen Restriktionen (Agenda 2010). Der zeitgeschichtliche Wandel macht auch vor den großen Kirchen nicht halt. Aber deren volkskirchliche Verfassung befindet sich „biographisch" betrachtet durchaus immer noch „in den besten Jahren".

Kirchliche Gegenwart: Organisierte Religion in der zweiten Krise der Moderne

Das Aufblühen kirchlich-diakonischer Arbeit in den 60er Jahren gehört insgesamt in den Kontext der starken „westlichen" Ausprägung der organisierten Moderne in dem Jahrzehnt vor ihrer nächsten tiefgreifenden Krise. Die Wahrnehmung gesellschaftlicher Fragmentierungen, Risse, Marginalisierungen im Inneren ebenso wie der Widerstand gegen die Externalisierung von Problemen im Inneren auf andere Weltregionen und zukünftige Generationen leitet zunehmend die Kritik an dem Bild einer sozial verwalteten und stillgestellten Gesellschaft. Andererseits stiftet beides einen erheblichen Schub an Motivation für Menschen, sich auf den „Marsch durch die Institutionen" zu begeben, in der Hoffnung, die zwanghaften Wirkungen der organisierten Moderne nicht außerhalb, sondern *im* gesellschaftlichen Alltag überwinden zu können.

In erheblichem Maße wird die Kirche im Zuge dieser Entwicklung Teil der Kultur der „neuen sozialen Bewegungen". Dies wird besonders deutlich in dem ökumenisch wohl weltweit einmaligen Phänomen des „Deutschen Evangelischen Kirchentages", der zu einem zentralen Veranstaltungsort der Friedensbewegung der 1970er und 1980er Jahre wird. Es wird deutlich im Engagement von Gemeinden im Kontext ihres örtlichen Gemeinwesens – sehr wohl auch abseits der inzwischen als „etabliert" wahrgenommenen Diakonie –, es wird in der DDR endgültig deutlich in der Rolle der Kirchen als Orte für Dissidenz und beim Zusammenbruch der SED-Diktatur.

Gesellschaftlich-ökonomische Grenzen kirchlich-diakonischer Selbstbestimmung

Die 1980er Jahre verzeichnen nach Jahren enormer Zuwächse die ersten einschneidenden Rückgänge landeskirchlicher Mittel: „die fetten Jahre sind vorbei". Nach der Vereinigung der beiden deutschen Staaten kommt es einerseits in den neuen Bundesländern zu einem umfangreichen Ausbau der Diakonie, u.a. mit Unterstützung auch der westdeutschen Diakonie und Kirche, andererseits sind diese inzwischen zunehmend von der Überlastung der Sozialversorgungssysteme mitbetroffen, da sich der weitaus größte Teil der Diakonie aus öffentlichen Mitteln finanziert. Insbesondere die Abhängigkeit der Kirchen von den Entwicklungen der staatlichen Steuergesetzgebung erweist sich als rigide Grenze kirchlicher Selbstbestimmung. Schon eine so unscheinbare Verschiebung wie die der Sozialpflichtigkeit geringfügiger Beschäftigungsverhältnisse von der Besteuerung zur Versicherungspflicht kostet die Kirche etliche Millionen an Steuereinnahmen.

Besonders prägnant offenbart sich diese Art der Abhängigkeit von staatlichen Vorgaben in der Diakonie. Seit nunmehr zwei Jahrzehnten erleben wir den Strukturkonflikt der Sozialgesetzgebung zwischen Qualität und Quantität in zunehmender Schärfe; einerseits wurde etwa im 1991 verabschiedeten Kinder- und Jugendhilfegesetz die Ersetzung des obrigkeitlichen Eingriffsrechts durch das Prinzip partnerschaftlichen Zusammenwirkens zwischen Bürgerinnen/Bürgern und Behörden noch einmal bestätigt, andererseits muss in der gesamten Jugendhilfe, wie in allen anderen Bereichen auch, rigide gespart werden. Jüngste Gesetzgebungen drohen mit ihrem hohen sozialen Anspruch zu bloßen Hülsen zu werden, weil die konkrete Praxis einen deutlichen Rückschritt hinter längst selbstverständlich geglaubte Standards darstellt. Der „Subsidiaritätsstreit", dessen Wurzeln bis ins Kaiserreich zurückreichen und der in den 60er Jahren auf seinem Höhepunkt stand, gewinnt erneut an Schärfe. Bereits im Urteil des Bundesverfassungsgerichtes von 1967 tritt eine ökonomisch-pragmatische Begründung der freien Wohlfahrtspflege an die Stelle einer ethisch-politischen. Nicht das soziale Ethos oder die Bürgernähe, sondern Zweckmäßigkeits- und Wirtschaftlichkeitsgründe werden dort genannt. So verwundert es nicht, wenn die freien Träger der Wohlfahrtspflege seit den 1970ern zunehmend in die Planungsaktivitäten der öffentlichen Träger eingebunden werden. Das Verhältnis beider Seiten zueinander lässt sich nicht mehr auf eine einfache Formel bringen wie „Vorrangstellung freier Träger" versus „Letztverantwortung öffentlicher Träger". Vielmehr zeigt sich ein Bild komplexer gegenseitiger Abhängigkeiten: Rahmenplanungen, Standortentscheidungen. Baurechtliche, personelle, administrative und konzeptionelle Standards, Zuwendungsbedingungen, Pflegesatzmodelle und personelle Ressourcen auf allen Ebenen von den Aufsichtsorganen bis zum Patientenkollektiv bilden sich aus im pluralen Diskurs in vielfältigen Verflechtungen. Ganz entscheidend sind die regional höchst unterschiedlichen lokalen Bedingungen, die sich vor allem in der Blütezeit des Sozialstaates in den 1960er und 1970er Jahren ausbilden. Wünschenswert ist in der gegenwärtigen Phase, dass bei einem geordneten Rückzug aus Überkapazitäten die Lasten gleichmäßig auf alle Partner verteilt werden. Der Zwang zur Verschlankung kann aber auch als Chance gesehen werden.

Zeit zur erneuten Bündelung der Kräfte? Zeit für eine neue Eigenständigkeit?

Die dreifache Ausprägung der vom Staat getrennten Volkskirche als „Gemeinde“, „Bildungswesen“ und „Diakonie“ – staatskirchenvertragliche Relikte wie die Militärseelsorge bestehen an den Rändern fort – provoziert die Frage, inwieweit alle drei aufeinander angewiesen sind, welche gesellschaftlichen Ressourcen sie gemeinsam erschließen können und wie sie nicht zuletzt durch den Charakter ihrer Sozialgestalt den Menschen das „Zeichen der Versöhnung“ geben können, zu dem sie berufen sind. Die Gemeinden als „Begegnungsorte“ und die Einrichtungen als „Dienstleistungsorganisationen“ – und in beiden die „Mitarbeiterschaft“ mit ihren Professionen – sind nicht nur bloße äußerliche Formen, sie symbolisieren immer auch in sich selbst die Inhalte, die sie den Menschen vermitteln sollen. In ihnen als tragenden Organen prägt sich die Individualität des kirchlichen Lebens aus.

Brauchen aber Gemeindekirche, kirchliches Bildungswesen und Diakonie einander? Sind sie überhaupt noch Glieder eines Leibes, haben sie sich nicht längst wie Kinder von ihren Eltern emanzipiert? Müssen wir nicht zu einer Art „Familienanamnese“ übergehen, weil wir nicht einen Patienten, sondern ein Patientenkollektiv vor uns haben? Will die Diakonie – d.h. der Wohlfahrtsverband samt seiner Mitglieder – „Kirche“ sein? Will das kirchliche Bildungswesen – Schulen, Chöre, Tagungsstätten, Akademien und Institute – „Kirche“ sein? Will die Gemeindekirche – d.h. die Vielzahl der Landeskirchen, Freikirchen und parakirchlichen Trägerorganisationen – „Diakonie“ und „Bildung“ im Sinne breiter gesellschaftlicher Initiative als Teil ihres eigenen „sozialen Leibes“ anerkennen? Vielleicht ist eine allzu enge Verschränkung z.B. von Kirche, Bildung und Diakonie gar nicht wünschenswert, vielleicht ist es sinnvoll und auch sehr realistisch, dass alle Formen sich relativ unabhängig voneinander entwickelt haben? Die Gründung des Evangelischen Hilfswerkes nach dem Kriege war vielleicht nur eine historische Ausnahme. Seine Verschmelzung mit dem Landesverband der Inneren Mission ist ja vielerorts auch wieder rückgängig gemacht worden, wobei das „Diakonische Werk“ als landeskirchliche Instanz dennoch erhalten blieb.

Die in den letzten 150 Jahren gewachsene Diakonie wird es auch künftig in absehbarer Zeit in Deutschland geben, auch wenn sie gewisse Monopolstellungen in der Gesellschaft räumen muss. Auch Kirchen in der Tradition der überkommenen Kirchentümer mit ihrem Netz von Gemeinden, Diensten, Werken und Ämtern wird es in den nächsten Generationen noch geben, wenn auch an deutlich weniger Standorten und mit stark verringerter und veränderter Mitgliedschaft. Und alle drei Ausprägungen volkskirchlichen Lebens werden auch künftig Partnerinnen sein in der sozialen Gestaltung christlicher Existenz in der modernen Gesellschaft. An welchen Haltelinien gesellschaftlicher Präsens sie sich aber künftig dauerhaft einrichten werden, wird vermutlich nicht zuletzt davon abhängen, inwieweit es ihnen gelingt, aufeinander zuzugehen und sich dabei in ihrem gesellschaftlichen Selbstverständnis kollegial neu zu formieren. Zunächst aber stehen sie zusammen mit der gesamten westeuropäischen Ausprägung gesellschaftlicher Solidarität unter wachsendem Druck. Auch die Deutschen werden weniger, älter und bunter. Dass Konzepte der Solidarität von außen her unter Druck, auch unter Konkurrenzdruck stehen, ist nichts Besonderes, sonst müsste es sie ja nicht geben. Beunruhigend dagegen ist ihre innere Krise, die vermutlich in erster Linie eine Legitimationskrise sein dürfte. Hier liegt ein Entzündungsherd, dem man sich besonders zuwenden muss.

2. Die Legitimationskrise religiöser und sozialer Institutionen

Écrasez l'Infame!

Der Schlachtruf der französischen Aufklärung gegen die Unterdrückung und Ausbeutung des Volkes durch den Klerus hallt wider in dem Angriff des Wirtschaftsliberalismus gegen die Macht des Sozialstaates und der Wohlfahrtsverbände. Vor den Augen des Bürgers wird das Bild eines gigantischen Umverteilungsapparates gezeichnet, dessen Funktionäre unter dem Deckmantel von Humanität und Nächstenliebe letztlich nur ihrer eigenen Existenzsicherung leben. Und je mehr dieser Angriff in Zeiten globalen Wettbewerbs um „Standortvorteile" an Plausibilität gewinnt, desto mehr wächst die Gefahr, dass die Institutionen der Wohlfahrtspflege – öffentliche und freie Träger – sich untereinander angreifen, anstatt sich gemeinsam gegen den Druck einer wachsenden Ökonomisierung des gesellschaftlichen Lebens zu stemmen.

Dabei soll keineswegs geleugnet werden, dass es lukrativ ist, soziale Dienstleistungen zu verkaufen. Sicherlich gibt es einen Wettbewerb um Anteile auf dem Markt sozialer Dienstleistungen; es wäre unredlich, das nicht wahrhaben zu wollen. Dennoch sollte es bei diesem Wettbewerb fair zugehen. Es geht schließlich um ein hohes Gut. Das Sozialstaatsgebot des deutschen Grundgesetzes folgt ja nicht etwa der Tradition frommer Almosenpflege oder dem naiven Helferinstinkt für Menschen in Not, es bringt vielmehr zum Ausdruck, dass die bürgerlichen Freiheitsrechte nur dann von allen Bürgern wahrgenommen werden können, wenn allen auch die materiellen Voraussetzungen für eine solche Teilnahme an der öffentlichen Verantwortung hinreichend zur Verfügung stehen. Soweit möglich sollen alle Bürger für sich selbst sorgen können. Es gibt aber viele, die hierfür zu schwach sind. Der Sozialstaat ist nicht ein Anhängsel der Demokratie, sondern einer ihrer Grundpfeiler. Solange diese Begründung gesellschaftlicher Solidarität in einem egalitären Universalismus nicht immer wieder mit Emphase in Erinnerung gebracht wird, droht Solidarität zu einer Frage sentimentaler Neigung zu verkommen oder sie wird zum Anlass religiöser Assoziation mit latent aggressiven Wiederverwurzelungstendenzen von welcher Seite auch immer.

Die Legitimationskrise des organisierten Altruismus könnte in einem tieferen Zusammenhang stehen mit der latenten Unsicherheit des religiösen Bewusstseins und der manifesten Legitimationskrise organisierter Religion, die vermutlich das gesamte Projekt der Moderne begleiten. Beide Krisen sollte man nicht als vermeidbare Defiziterscheinungen ansehen, für die irgendjemand schuldhaft verantwortlich wäre, sie liegen vielmehr beide in der Natur dessen, worum es hier geht. Es handelt sich bei ihnen nicht um „Krankheiten", sondern um vitale organische Anpassungsprozesse. Religion ist naturgemäß deshalb schwer zu legitimieren, weil sie einer Unterscheidung Schleiermacher's folgend in den Bereich darstellenden und weniger in den herstellenden Handelns gehört. Diese Unterscheidung geht zurück auf die aristotelische Unterscheidung von *praxis* und *poiesis*. Herstellendes Handeln – *poiesis* – hat sein Ziel außerhalb seiner selbst; das ist z.B. der Fall beim Üben mit dem Ziel künstlerischer Meisterschaft. Darstellendes Handeln dagegen – *praxis* – hat sein Ziel in sich selbst, so z.B. die Ausübung vollkommener Meisterschaft als Kunst um der Kunst, als Schönheit um der Schönheit willen. Es dürfte nun leicht einsichtig sein, dass herstellendes Handeln vergleichsweise „leicht" begründet werden kann durch den Hinweis auf das beabsichtigte Ziel der Herstellung, die instrumentelle Logik zumindest ist dann befriedigt. Darstellendes Handeln dagegen ist „schwer" zu begründen, da alles, was sein Ziel in sich selbst hat, auch nur aus sich selbst heraus begründet werden kann. So ist der Sinn des Lebens nach Aristoteles nicht etwas anderes außerhalb des Lebens, sondern das vollkommene Leben selbst ist der Sinn des Lebens. Wer wollte nun noch begründen, wozu wiederum Leben, wozu der ganze Kosmos, wozu überhaupt das Sein „gut ist"? Ganz ähnlich verhält es sich mit dem, was wir ethische oder altruistische Motive nennen, auch sie müssen aus sich selbst einleuchten. Bringen sie wirklich ein echtes Prinzip der Freiheit, der Güte, des Wohles zur Darstellung oder dient ihre Behauptung nur der besonders sublimen Durchsetzung von aufgeklärtem Eigennutz? Eine gewissermaßen „empirische Verifikation" ist auch hier nicht möglich. Niemand kann sich letztlich seiner eigenen Motive sicher sein. Für die Betroffenen aber ist der Beweis des Geistes und der Kraft sehr wohl spürbar. Entweder sie kommen auf den grünen Zweig oder nicht. Professionelle gesellschaftliche Integration ist die entscheidende Medizin zur Verhinderung religiöser und kultureller Fanatisierung.

Markt – Staat – Dritter Sektor

Solidarität entfaltet sich in modernen Gesellschaften gesondert nach den unterschiedlichen Sphären des Marktes, des Staates und des sog. „Dritten Sektors". Marktliches Handeln folgt einer zweckrationalen Idee von Solidarität: der Idee des fairen Tausches. Staatliches Handeln folgt der normrationalen Idee eines entweder auf „Nation" und / oder auf eine Verfassung bezogenen Gesellschaftsvertrages. Der Dritte Sektor dagegen bereitet der neoklassischen Theorie Kopfzerbrechen. So wie man in der Volkswirtschaftslehre jegliches staatliche Handeln als eine Reaktion auf Marktversagen beschreiben kann – der Markt liefert vieles, aber eben nicht alles, was eine Gesellschaft menschenwürdig macht –, so könnte man versuchen, auch die Initiative freier Träger im sog. „Dritten Sektor" als Reaktion auf „Staatsversagen" zu deuten. Vermutlich aber ist eine so starke Entgegensetzung gar nicht notwendig. Beide – Staat und zivilgesellschaftliche Akteure – reagieren vielmehr vereint auf soziale Problemlagen. Dass der Staat hinsichtlich der Wohlfahrt seiner Bürger ein hoheitliches Mandat hat, ist eingangs deutlich betont worden. Welche – zusätzlichen oder alternativen – Vorteile aber bieten sogenannte *freie Träger* demgegenüber? Grundsätzlich gilt in den Theoriemodellen über den Dritten Sektor: staatliche Instanzen, auch wenn sie vielfältig gegliedert sind, tragen Verantwortung im umfassenden gesellschaftlichen Horizont, freie Initiativen richten sich im Rahmen der so gewährleisteten Rahmenordnung auf einzelne, partikulare Ziele aus. Sie können damit ungehinderter „parteilich" vorgehen, und sie sind anders als staatliche Instanzen frei in der

Ausrichtung auf spezifisch motivierbare Unterstützergruppen. Der Staat kann ihr Engagement für das Gemeinwohl gleichwohl honorieren durch die Zuerkennung der „Gemeinnützigkeit“ unter allerdings strengen Auflagen. Freie kommunitäre Organisationen leben nicht von der Zustimmung der Mehrheit, sondern von der einer qualifizierten Minderheit. Sie profitieren davon, dass sie schlicht kleiner sind, in eine große Vielzahl ausdifferenziert und damit tendenziell näher am Alltag der Betroffenen. Sie haben hinsichtlich der Effektivität die Vorzüge einer for-profit-Organisation, ohne aber alle ihre Nachteile tragen zu müssen. For-profit-Organisationen zielen in starkem Maße darauf ab, den Gewinn der Teilhaber und den Nutzen der Firma zu maximieren. Sie setzen „starke“ Kunden voraus. Non-profit Organisationen dagegen dienen der optimalen Erfüllung einer Nachfrage nach „Vertrauensgütern“ durch strukturell eher „schwache“ Kunden ohne autonome Kaufkraft. Ihre Angestellten schätzen sicher auch gesicherte und gut dotierte Arbeitsplätze, die Organisationen als solche aber wollen das Produkt um seiner selbst willen und nur sekundär den Gewinn, den er abwirft. Jeder Gewinn ist deshalb dem Unternehmensziel entsprechend wieder zu investieren; der persönliche Gewinnanreiz für sich genommen wird tendenziell sogar als Störfaktor empfunden. Der Anreiz, den Verbraucher zu täuschen, ist sehr viel geringer, das macht diese Organisationen in den Augen der Verbraucher vertrauenswürdiger. Hinsichtlich der ethisch-politischen Zielbindung teilen sie die Vorzüge sozialstaatlicher Strukturen. Denn in den gesellschaftlichen Netzwerken und Assoziationen entstehen die Solidarität, das Engagement und auch die Zahlungsbereitschaft, auf denen letztlich auch die staatlichen und staatsförmigen kollektiven Sicherungssysteme aufbauen. Neben den genannten bis ins Kaiserreich zurückreichenden Organisationen der freien Wohlfahrtspflege treten inzwischen neue auf. Ein gutes Beispiel ist die 1889 in Indien gegründete *Ahmadiyya Muslim Jamaat* (AMJ). Sie stellt mit ihren über zehn Millionen Mitgliedern weltweit die größte Gemeinschaft unter den organisierten Muslimen dar. In Deutschland erhielt sie 2013 als erste muslimische Gemeinschaft den Status einer Körperschaft des öffentlichen Rechts.

Eine „kommunitaristische" Sozialpolitik wird jedoch wegen ihres Bezuges auf Minoritäten den Sozialstaat mit seiner Gesamtverantwortung immer nur ergänzen können. In Selbsthilfegruppen, selbstorganisierten Initiativen und Vereinen ebenso wie in schulischen Elternvertretungen oder Kirchengemeinderäten sammeln sich erfahrungsgemäß gerade diejenigen, die nicht um das tägliche Überleben kämpfen müssen, sondern auch in Krisensituationen sozial abgesichert sind. Deshalb muss die Rahmenverantwortung bei den staatlichen Trägern liegen, dies wird von den freien Trägern anerkannt.

Bei aller Würdigung der Stärken freier Träger: Es ist natürlich nicht zu leugnen, dass der Trend der Verselbständigung der Apparate als eines der Risiken und Nebenwirkungen jeglicher Modernisierung weder vor sozialstaatlichen noch vor nicht-staatlichen humanitären und kirchlich-diakonischen Organisationen halt macht. Die Legitimation aller moderner Institutionen – ob staatlich oder nicht-staatlich – steht und fällt deshalb im Wesentlichen mit der Möglichkeit kontinuierlicher Erneuerung und Veränderung aus individueller lebensweltlicher Erfahrung heraus. Was in der Theorie als wahrscheinlich postuliert wird, muss sich dann in der Praxis auch wirklich erweisen. Das gilt für Behörden nicht anders als für Parteien, für Standesorganisationen nicht anders als für Institutionen der Aus- und Fortbildung und eben auch für die Funktionäre und Professionellen im Sektor sozialer Dienstleistungen. Das „duale" System aus öffentlichen und freien Trägern steht ja nicht nur untereinander in Austauschverhältnissen, beide zusammen erfüllen ihren Sinn erst im Blick auf ihre gemeinsame Beziehung zu Dritten: das sind die Adressaten von Hilfeleistungen, oftmals repräsentiert durch die sogenannten „Professionellen", die konkret mit ihnen arbeiten. Auch diese jedoch leben in einer Art Legitimations-Dauerkrise.

Die Spannung zwischen Institution und Lebenswelt

„Professions are conspiracies against the laity“ (G.B. Shaw). Dieser Verdacht wird mit großer Beharrlichkeit von zwei verschiedenen Seiten erhoben. Die einen beklagen, die lebensweltlichen Kräfte der Familie, der Nachbarschaft, des ehrenamtlichen Vereinswesens oder des Lebens in der Kirchengemeinde seien von der Sorge etwa für Kinder, Jugendliche, alte Menschen und Pflegebedürftige abgeschnitten, „weil es jetzt ja dafür Profis gibt“. Die Fähigkeit der Menschen zur täglichen Alltagsbewältigung werde oft genug durch den Eingriff von Ämtern und Institutionen eher gestört, als dass sie unterstützt würde. Aus dieser Sicht ist der Prozess weit fortgeschritten, in dem die Gesellschaft als Ganze wichtige Bereiche ihres Lebens und ihrer Aufgaben an professionelle Dienste abgegeben und sich damit von ihnen verabschiedet hat. Diese Entwicklung habe zwar zu einer Verbesserung der sozialen Leistungen geführt, die Orientierung an Leistungsanforderungen habe aber die persönliche Zuwendung und das gemeinsame Leben in den Hintergrund gedrängt. Insbesondere für die Kirchen wird darin eine Kränkung sichtbar, die sie in ihrem Gemeindealltag bis auf den heutigen Tag oftmals verdrängt: Viele der Professionellen haben längst Funktionen übernommen, die einst zum seelsorgerlichen Amt des Pfarrers gehörten. Die Erzieherin, der Eheberater und die Sozialarbeiterin, auch der Unternehmensberater sind schlicht dank ihrer organisatorischen Einbindung strukturell viel „näher“ an den Menschen als Pastorinnen und Pastoren.

Einer anderen Gruppe von Kritikern ist die soziale Praxis keineswegs zu professionell geworden, sondern genau umgekehrt: Man meint, sie sei nicht professionell genug! Nur allzu oft verbündeten sich die professionellen Helfer mit einem möglichst pflegeleichten Klientel und richteten sich hinter dem Schirm allgemeiner Wohltätigkeit gemütlich ein, anstatt sich im Sinne öffentlicher politischer Verantwortung einem lückenlosen und effizienten Qualitätsmanagement zu stellen. Es sei die Pflicht der politisch Verantwortlichen, die mächtigen Kartelle der Nächstenliebe gründlich zu durchleuchten, ihre Monopole zu brechen, um die Verwendung der Steuergelder gezielt wirklich denen zugutekommen zu lassen, die dessen wirklich bedürfen.

Man muss diese Kontroverse ernst nehmen und sich zunächst einmal klarmachen, dass sie auf sehr unterschiedlichen Ebenen ausgetragen wird. Entscheidend ist zunächst der Unterschied zwischen der professionellen Alltagsebene und der Ebene politischer Rahmensetzung. Zunächst zum ersten: Wie stellt sich die Kontroverse auf der Alltagsebene dar? Hier sind wiederum zwei Fragestellungen wichtig: In welchen Typen institutioneller Verfassung ereignet sich der Alltag professioneller sozialer Praxis? Und was macht eigentlich das Eigentümliche von Professionalität aus, könnte es zum Beispiel so verfasst sein, dass es Ehrenamtlichkeit nicht ausschließt, sondern gerade einschließt? Die Differenzierung von Typen institutioneller Verfassung betrifft das Gegenüber von segmentären und funktionalen Sozialstrukturen. An diesem Punkt muss unsere Anamnese endgültig in eine sorgfältige Differentialdiagnose übergehen. Aber anders verstehen wir nicht, ob und woran unser Patientenkollektiv leidet, ob es auf Weg der Verschlechterung oder der Besserung ist.

Segmentäre und funktionale Sozialstrukturen

Der örtliche parochiale Dienst – früher im Kirchspiel, seit Ende des vorigen Jhts. in stark veränderter Form in der Ortsgemeinde – ist eine über Jahrhunderte bewährte und stets durch ihre Nähe zu den Menschen ausgezeichnete Grundform kirchlichen Lebens. Immer aber gab es auch die Kirche im Sinne ihrer organisierten Ausbreitung in größeren geographischen Räumen, es gab Orden, Klöster und mildtätige Stiftungen. Heute sind moderne Organisationsformen hinzugekommen, die sich u.a. durch hohe innere Fluktuation auszeichnen und der im Verhältnis zu früher enorm gewachsenen Mobilität der Menschen Rechnung tragen. In soziologischer Sprache heißt dies: Die Tradition der landeskirchlichen Gemeinde steht für segmentär-regionale Präsenz bei zunehmender funktionaler Füllung; die Tradition der Einrichtungen,

Dienste und Werke steht schwerpunktmäßig für funktionale Präsenz mit wechselnder regionaler Ausbreitung. “Segmentär” nennt man eine solche Sozialstruktur, die die Gesellschaft in *gleiche oder ähnliche* Einheiten von sehr geringer Komplexität unterteilt: Was für den einzelnen Christen seine Familie, das ist für die christlichen Familien die Gemeinde als eine „große Familie“; für die Gemeinden ist es der Kirchenkreis und für die Kirchenkreise die große Familie namens Landeskirche. Wenn sich in einer segmentären Struktur das Muster der familialen Primärbindung vertikal und auch horizontal auf allen Ebenen wiederholt, so ist dies in einem “funktionalen” Gefüge völlig anders. Dort gewährleistet wie in einem Organismus das Zusammenspiel sehr *unterschiedlich funktionierender* Einheiten den solidarischen Zusammenhalt. Und nun kommt die Pointe: Nur eine funktionale Gliederung kann hohe gesellschaftliche Komplexität organisieren, nur eine segmentäre kann sie in großer Breite erfassen. In der Blütezeit der Kirchensoziologie in den 1960er Jahren wurde die Alternative „segmentär versus funktional“ relevant bei der Neugliederung der Kirchenkreise und Dekanate. So setzte sich in der ehemaligen Hamburgischen Landeskirche z.B. das segmentäre „Herntrich-Modell“ durch, während der gleich in unmittelbarer Nachbarschaft liegende Kirchenkreis Stormarn, der das östliche Hamburg mit den benachbarten Schleswig-Holsteinischen Landkreisen verbindet, als bis vor kurzem einziger Kirchenkreis in der EKD regional *und* funktional gegliedert ist, d.h. der Kirchenkreis versteht sich nicht als Großgemeinde über den Gemeinden oder als ihre weitere Umfassung, sondern als verantwortlich für ganz bestimmte wesentliche Einzelfunktionen im Leben der Kirche in der Region. Jüngste Studien und Organisationsentwicklungen weisen denn auch der Kirche den Weg in funktionale Differenzierungen nur als Ergänzung zu den weiterhin segmentär strukturierten Pfarrbezirken. Inzwischen gehen z.B. auch die kirchlichen Strukturplaner in Hamburg in diese Richtung: 1997 haben sich im Hamburger Bezirk Eimsbüttel mehrere Gemeinden zu einer Gesamtgemeinde zusammengeschlossen und planen ihre Aktivitäten künftig in gemeinsamer Verantwortung für den Stadtteil.

Ob das kirchliche Leben nun eher segmentär als Gemeinde neben Gemeinde oder eher funktional als Zusammenwirken unterschiedlicher Gemeinde- und Einrichtungstypen in einem gemeinsamen Anliegen entwickelt wird, in beiden Fällen werden die Gestaltungsmaßnahmen sich dem Auftrag der Kirche folgend auf die Menschen im konkreten sozialen Raum beziehen. Die Menschen sind schließlich nicht für die Kirche da, sondern die Kirche – im Sinne ihres Auftrages – für die Menschen. Deshalb ist die Unterscheidung zwischen „segmentär“ und „funktional“ theologisch ziemlich unbedeutend, denn es geht auf dieser Ebene gar nicht um einen theologisch-dogmatischen Grundsatzstreit zwischen „Glaube“ und „Liebe“, „Kirche“ und „Diakonie“, „Wortverkündigung“ und „praktischem Handeln“, sondern um praktische Organisationsfragen. Alle Organisationstypen haben den gleichen – nämlich schlicht pragmatischen – Rang im Leben der Kirche. Nicht eine von ihnen ist die Basis; die Basis ist vielmehr immer wieder das regenerative „Spiel“ der gottesdienstlichen Feier, um dieses herum bildet sich einmal so, einmal anders diese oder jene Organisation. Das Spiel selbst ist wie alle komplexen organischen Prozesse ohnehin nie vollständig organisierbar.

3. Die Begründung sozialer Praxis im Mandat der Professionen

Wenn ich bis hierher immer wieder vom konkreten Menschen gesprochen habe, komme ich nun zur zentralen Frage der Professionalität in der sozialen Praxis: Vielen erscheint es als selbstverständlich, dass die zunehmend schwerer werdende Aufgabe der Erfüllung des Sozialstaatsgebots nur noch schwerer wird, wenn die Verständigung um die Zukunft sozialer Dienste, wie eingangs angedeutet, in einer Atmosphäre gegenseitiger Unterstellungen und Verdächtigungen geführt wird. Ich schlage deshalb vor, dass sich öffentliche und freie – und gerade auch kirchliche – Träger gemeinsam das grundsätzlich *„professionelle"* Mandat sozialer Dienstleistungen auf der Alltagsebene klarmachen. Soziale Dienstleistungen im engeren Sinne werden durch bestimmte Professionen erbracht: Sozialarbeiter, Erzieherinnen, Psychologen, Ärztinnen, Lehrer, Pastorinnen etc. An dieser Stelle gebe ich endlich eine Definition: „Professionen" sind Berufe besonderen Typs. Sie sind das Ergebnis der rollenförmigen Ausdifferenzierung von Tätigkeitsfeldern, in denen es um Begleiten, Beraten, Anleiten und Heilen geht.[5] Stets geht es dabei direkt um das persönliche individuelle Leben von Menschen. Die Professionen im Sinne moderner „Zünfte", also die professionellen „Standesorganisationen" der Ärzte-, Lehrer-, Pastorenschaft verpflichten ihre Mitglieder darauf und berechtigen sie dazu, in gesamtgesellschaftlichem Interesse in einem hochentwickelten Sinne nach den *Regeln der Kunst* zu handeln. Zu allererst diese gesellschaftlich-moralische Verpflichtung zu kollegialer Verantwortung sichert die Qualität der Arbeit in fachlicher und ethischer Hinsicht und nicht diese oder jene konfessionelle Bindung. Wer außer Ärzten sollte denn Ärzte fachkundig „kontrollieren" können? Ohne eine Mindestmaß an Vertrauensvorschuss kann sich weder eine Ärzteschaft ungestört Patienten zuwenden noch eine Lehrerschaft ihren Schülerinnen und Schülern. Eben dazu bilden Professionen um sich herum professionelle „Settings" in Form von „Gruppen", „Klassen", „Stationen", „Einrichtungen" und „Gemeinden" aus. Politik und öffentliche Verwaltung, freie Träger – Kirchen, Stiftungen, Vereine, Synagogen, Moscheen oder gemeinnützige GmbH's – können in der Moderne am Phänomen des eigenverantwortlichen Professionshandelns unmöglich vorbeigehen, wenn sie den Bezug auf Gesellschaft erhalten wollen. Ohne die institutionellen Voraussetzungen der professionellen *Selbst*verpflichtung hätte auch

---

[5] Vgl. exemplarisch: *Combe, A., Helsper, W.* (1996, Hrsg.).

der natürlich dringend zu wünschende innovative Impuls aus Politik und Verwaltung nichts, an das er appellieren könnte.

Wie gewährleisten diese Professionen die Qualität ihres Handelns? Die seit inzwischen mehreren Jahrzehnten anhaltende Professionalisierungsdiskussion in der sozialen Praxis erhielt einen wesentlichen Schub durch die sogenannte "Alltagswende" in den 1980er Jahren. Sie basiert auf der Erkenntnis, dass sich professionelles Handeln nicht abstrakt auf Personen oder Gruppen bezieht, sondern diese immer verwoben sind in konkrete Alltags- und Lebenswelten. Eine ebenfalls wesentliche Erkenntnis war, die fundamentale interaktive Verfasstheit der personennahen Arbeit herauszuarbeiten, d.h., dass nicht jemand "bearbeitet" wird, sondern dass soziale Arbeit sich im Medium kommunikativen Handelns vollzieht, an deren Herstellung und an deren Ablauf beide Seiten beteiligt sind. Prinzipiell geht es in der professionellen Arbeit darum, Kompetenzen zu vermitteln oder wieder herzustellen, über die die Klienten zumindest latent oder unterschwellig verfügen oder verfügt haben. Eine wichtige Strukturantinomie besteht darin, dass die Wahrung der Autonomie der Lebenspraxis durch einen Eingriff in die Autonomie der Lebensvollzüge vollzogen wird. Im sozialen Handeln stoßen deshalb stets zwei Komponenten zusammen, nämlich eine Orientierung am Komplex des fachlichen Wissens zum einen und eine Orientierung am Komplex ganz praktischer Interessen der Gesellschaftsmitglieder zum anderen. Jede in ihrem Feld handelnde Person braucht Wissenschaft, wenn sie sich der Gewalt des gesellschaftlichen Prozesses nicht blind ausliefern will, sondern sich dazu verhalten und eingreifen will und eine sachlich angemessene Haltung, eine Disziplin ihres Handelns entwickeln will. Gleichzeitig ist Maßstab fachlicher Qualität die Kraft zur Veränderung im Alltag der Hilfeempfänger und der praktische Erfolg im Kontext politischer Verantwortung, nicht aber ihre Anschlussfähigkeit an fachliche Fragestellungen.

Woran also merkt der „Professionelle“, dass er „gut“ gearbeitet hat? Wenn es stimmt, dass die gesellschaftlich „modern“ anmutende Zweck- und Normrationalität Probleme im Sinne des Marktversagens und auch des Staatsversagens unerledigt lässt, dann können an die Problemlösung im Dritten Sektor offensichtlich nicht diejenigen Kriterien angelegt werden, die im Bereich von Markt und Staat Erfolg oder Misserfolg definieren. Die Ziele der Professionen können dann hier gar nicht anders als „diffus“, ihre Leistungen gar nicht anders als daran gemessen „erfolglos“ sein, sonst wären sie ja marktlich oder staatlich-administrativ herstellbar. Im Gegenteil: ihre „Diffusität“ und „Erfolglosigkeit“ machen gerade ihre besondere Leistungsfähigkeit aus, sie allein ermöglichen gerade durch den Ausschluss enger Kontrollen die Anwendung personenorientierten Expertenwissens. Der Preis hierfür ist allerdings hoch: Die Akteure riskieren, über Sinn, Ziel und Ergebnis ihres Handelns nichts genaues zu wissen, sie können daraus nicht lernen und erblinden im Extrem sogar gegenüber ihrer eigenen Klientel. Der gesellschaftlich notwendige „funktionale Dilettantismus“ zwingt also zum Umdenken, wenn es einen Ausweg aus diesem Dilemma geben soll. Hier ist er: Professionen wie Erzieherinnen, Sozialarbeiter oder Pastorinnen sind vielleicht gar nicht dazu da, Probleme zu „lösen“, sondern sie zu reduzieren, zu kompensieren, sie zu verschieben, zu prozessieren oder zu reformulieren und zu reorganisieren. Wird dies geleugnet, so müssen die Professionellen sich dadurch taktisch absichern, dass sie in Anspruch nehmen, „noch schlimmeres“ verhütet zu haben, eigentlich noch mehr Mittel und Personal zu benötigen, oder sie markieren ihr Revier so strikt, dass niemand von außen in das System hineinschauen kann. Anstatt die Liturgie gründlich zu überarbeiten und zu üben klagen z.B. Pastoren und ihre Hofsoziologen dann lieber über die „religiöse Indifferenz“ ihrer Zeitgenossen, die Lehrer über die Bildungsnot in den Elternhäusern, die Sozialarbeiter über die Macht des Klassenfeindes. Um eine solche bedrohliche Erstarrung der Lernfähigkeit aufzulösen, wird zunehmend der Vorschlag gemacht, das System von innen heraus aufzuklären: Verschiedene Beobachtungsperspektiven und Deutungsmöglichkeiten konkurrieren miteinander. Was fachterminologisch vorgestellt wird, wird in direkte Erzählung übersetzt. Alle Hierarchieebenen kommen ins Gespräch. Nicht die Institution, sondern die Selbstbeschreibung der Institution wird analysiert. Ich meine, dass insbesondere Ansätze qualitativer Sozialforschung anhand narrativer Interviews in dieser Hinsicht einiges leisten. Man entdeckt unversehens, dass man intelligente Hypothesen über die Gründe der eigenen Dilemmata bei sich selbst entwickelt, an denen man ansetzen kann. Die eher formalistisch ansetzenden Evaluationsmethoden eines Qualitätsmanagements, wie es in der industriellen Fertigung entwickelt wird, halte ich für wenig hilfreich, da sie bei hohem Aufwand doch oft eher triviale Ergebnisse liefern. Im Bereich des Organisationshandelns – Stichwort: Sozialmanagement – haben sie gleichwohl auch im Felde sozialer Dienstleistungen ihren guten Sinn. Die zahlenmäßige Zunahme der Gottesdienstbesucher z.B. ist ein wichtiger Indikator, aber eben nur einer von vielen.

Profession und kirchliches Amt

Das hier vorgestellte Konzept von Professionalität hat weitreichende Konsequenzen für die dringend notwendige Weiterentwicklung der Ämterordnung in Kirche und Diakonie. Hilfreich wäre auf diesem Wege eine deutlichere Unterscheidung zwischen „Charismen" und „Ämtern". Charismen sind in diesem Verständnis natürliche Fähigkeiten, die von den mit ihnen begabten Menschen nicht zur reinen Selbstverwirklichung, sondern als Beitrag zum Lebenszusammenhang einer Kirche ausgeübt werden. Sind es sogar hierfür notwendige Begabungen, weil eine Kirche ohne sie als eine bestimmte Sozialgestalt gar nicht möglich ist, dann müssen sie sogar *öffentlich, d.h. in kollektiver Verantwortung* und damit als *Ämter* geordnet werden. Jedes Amt ist also in seiner Funktion begründet, so dass es ausgehend von dieser bei der Gestaltung der Ämterordnung einen großen Entfaltungsspielraum gibt. Zwischen lutherischer und reformierter Tradition war es früher strittig, ob die sogenannten Funktionsämter gleichrangig neben dem Predigtamt stehen – reformiert – oder Teilfunktionen des zum Pfarramt erweiterten Predigtamtes sind – lutherisch –. Inzwischen besteht ökumenisch Einigkeit, dass alle drei Ämter des altkirchlichen Modells *Bischof-Priester-Diakon* als eigenständige Dienste und nicht als hierarchische Stufenleiter zu verstehen sind. Es fehlt allerdings bis heute die entsprechende kirchenrechtliche Ausgestaltung für alle öffentlichen Funktionen in der Kirche. Diese Diskussion ist längst dokumentiert geworden in einem sehr wichtigen und verheißungsvollen Beitrag der 'Kammer für Theologie der Evangelischen Kirche in Deutschland' mit dem Titel „Der evangelische Diakonat als geordnetes Amt der Kirche". Es muss und kann aber nun der nächste Schritt folgen, bei dem das kirchliche Mandat aller Mitarbeiterinnen und Mitarbeiter auch über den engeren Kreis der Theologinnen und Theologen sowie der Diakoninnen und Diakone hinaus beschrieben wird. Es wird dabei immer dringlicher, das Verhältnis von pastoralem „Grundamt" und professionellem „Funktionsamt" sorgfältig zu klären.

Freie Wohlfahrtspflege und Staat als Partner

Nach diesem Durchgang durch die zentralen Fragen auf der Alltagsebene sozialer Praxis ist jetzt der Schritt zur politischen Ebene notwendig: Dabei legt sich in den folgenden Abschnitten nahe, die Begrifflichkeit zu wechseln und anstelle von Volkskirche, Landeskirche, Diakonie oder Bildungswesen eher von der „freien Wohlfahrtspflege" bzw. vom allgemeinen Bereich von „Kultur und Wissenschaft" zu sprechen. Die Gründe dafür werden aus den Ausführungen selbst deutlich werden. Der westeuropäische Sozialstaat samt der öffentlich geförderten Kultur speziell (west)-deutscher Provenienz verdankt sich in hohem Maße protestantisch-sozialdemokratischen Staatsutopien. Die freie – insbesondere konfessionelle – Wohlfahrtspflege und die öffentliche Sozialordnung prägen sich seit Anbeginn gegenseitig. Im Fall der in Deutschland im internationalen Vergleich in seinem Umfang einmaligen Inanspruchnahme freier Träger durch die öffentliche Wohlfahrtspflege kann es deshalb nicht ausbleiben, dass auf der einen Seite der Staat seine historisch bedingte Abhängigkeit zuweilen als problematisch empfindet und dass sich auf der anderen Seite natürlich auch die freie Wohlfahrtspflege durch den staatlichen Normdruck bereits empfindlich deformiert sieht. Unter dem Namen „Subsidiaritätsstreit“ hat diese Kontroverse inzwischen eine lange Karriere hinter sich mit einer Fülle von Dokumenten der entsprechenden Gesetzgebungen, eines Verfassungsgerichtsurteils von 1967 und einer langen Liste von Kommentaren und Aufsätzen. Die öffentliche Anerkennung der freien Wohlfahrtspflege, die sich in Gesetzgebung und Rechtsprechung darstellt, ist sicherlich eine wichtige Grundlage, dennoch ist ihre Stellung u.a. aufgrund regionaler Besonderheiten und inzwischen auch im Kontext europäischer Entwicklungen nicht durchgängig gesichert, geschweige denn unumstritten. Konfrontiert mit den Folgekosten der Deutschen Einheit und der problematischen Ertragslage der Sozialkassen und der öffentlichen Haushalte setzt der Staat inzwischen zunehmend auf marktwirtschaftliche Instrumente: Kostensenkung durch mehr Wettbewerb. Hierbei droht nicht nur die unternehmerische Eigenständigkeit der freien Träger, sondern auch die Freiheit professioneller Verantwortung erstickt zu werden.

Wie lautet nun in dieser Situation das Selbstverständnis der freien Wohlfahrtspflege unabhängig von ihrer historisch bedingten Rolle und ihrer äußeren Einflussmöglichkeiten? Machen die Verbände nur weiter, weil es sie nun eben einmal gibt? Müssen sie sich dem Anpassungsdruck wohl oder übel beugen? Der in der freien Wohlfahrtspflege praktizierte Ansatz geht seinem Selbstverständnis nach nicht, wie Kritiker gerne unterstellen, rein von dem Interesse an institutioneller Selbsterhaltung aus. Er folgt auch nicht der Linie einer arroganten Ideologie, etwa einem Antisäkularismus der großen Konfessionen und Religionen oder neuerdings einem islamistischen Anti-Modernismus. Die freie Wohlfahrtspflege will auch keineswegs nur ihre „eigene“ Klientel versorgen, sie will vielmehr – auf ihre je exemplarische Art – *Gesellschaft* und deshalb auch eine gesellschaftlich verankerte und handlungsfähige Wohlfahrtspflege im Rahmen der von ihr selbst mitgestalteten Sozialordnung. Die freie Wohlfahrtspflege auf der einen Seite und der Staat auf der anderen Seite begeben sich dabei mit dem zugestandenermaßen kühnen Anspruch in ein Vertragsverhältnis, dass sich keine Seite der anderen einfach beugen muss. Das bedeutet für die freie Wohlfahrtspflege, dass Institutionen, deren Existenz einst durch *freie* bürgerliche Initiative oder inzwischen ebenfalls längst freie konfessionell-kirchliche Meinungsbildung begründet wurden, deren Praxis aber heute weitgehend durch *staatliches* Recht geordnet wird, gleichwohl als eigenständige Elemente *zivilgesellschaftlicher* Sozialgestalt fungieren und sich nicht zu Erfüllungsgehilfen jedweder gesellschaftlichen Bedürfnisbefriedigung degradieren lassen. Sie folgen in ihren Entscheidungen weder nur dem Markt – das machen, wofür es Geld gibt – noch den Normen des Staates – das mitmachen, was der Staat sich vornimmt. Die freie Wohlfahrtspflege und die in ihr tätigen professionellen Dienste haben vielmehr *ihr eigenes Ethos und ihre eigene gesellschaftspolitische Willensbildung.* Das schließt nicht aus, dass sich diese dann mit Marktchancen oder staatlichen Interessen verbindet, grundsätzlich aber folgen die „Freien“ ihren Zielen aus eigenem Willen und aus eigener Kraft. Erst in einem zweiten Schritt sind sie bereit, dies sehr wohl auch mit öffentlichen und anderen freien Trägern gemeinsam zu tun und sich dabei einem ökonomischen Wettbewerb und einer politisch-administrativen Aufsicht zu unterstellen, vorausgesetzt, jenes eigene Ethos wird ihnen nicht grundsätzlich aberkannt.

Die freie Wohlfahrtspflege ist zwar keine aus staatlichem Handeln, wohl aber eine aus gesellschaftlicher Verantwortung legitimierte Größe. Dies hat sich in erster Linie in der Art ihrer internen Orientierung zu erweisen. Wer „Gesellschaft“ sagt, spricht Menschen nicht als willenlose Opfer anonymer Prozesse an, sondern als Autoren ihres eigenen Lebens. Das ist aber nur glaubwürdig, wenn diese Regel auch bei der

Gestaltung der eigenen internen Verhältnisse beachtet wird. Man kann nicht anderen die „offene Gesellschaft" predigen und selbst eine „geschlossene Gesellschaft" bleiben. Die Legitimationskrise der großen Institutionen der freien Wohlfahrtspflege könnte auch darin einen Grund haben, dass es ihnen an innerer Offenheit, Transparenz und an Möglichkeiten kritischer Partizipation mangelt. Und sie müssen in einer Gesellschaft, die kulturell „bunter" wird, bereit sein, auch anderen Platz zu machen. Aber selbst wenn dies hinreichend gewährleistet sein sollte, bleibt das Problem, dass die großen Verbände sich sozialen Bindekräften verdanken, deren Ursprünge z.T. weit zurückliegen. So gibt es z.B. die unterschiedlichsten Milieus, aus denen sich etwa die Diakonie rekrutiert. Hervorgegangen aus einem biedermeierlichen Pietismus des 19. Jhts. hat die Diakonie ihren ersten großen – und zentralisierenden - Schub im Rahmen der Kriegswohlfahrtspflege im Zuge des I. Weltkriegs erfahren und wurde damit zur Mit-Trägerin einer nationalen Selbsterhaltungspflicht. Unter der NS-Gewaltherrschaft bot ihr „Anstaltswesen" dem rassehygienischen Terror Angriffsmöglichkeiten, denen sich auch die Diakonie nur sehr begrenzt erwehren konnte, sie wurde in vielen Fällen zur Mit-Täterin. Nach 1945 waren „Innere Mission" und „Evangelisches Hilfswerk" Partner in der Bewältigung abermals von Kriegsfolgen, insbesondere bei der nationalen Integration der Millionen von Kriegsflüchtlingen. Der Boom der freien Wohlfahrtspflege in Folge der Novellierung der Sozialgesetzgebung in den 60ern dürfte dagegen in den Kontext des bundesrepublikanischen „Wirtschaftswunders" zu buchen sein. Die Motivlage bei den meisten der jetzt aktiven Mitarbeiterinnen und Mitarbeiter wiederum entstammt in hohem Maße der Stimmung der 68er-Generation und ihrem kritischen Solidaritätspathos auf dem „langen Marsch durch die Institutionen" sowie der „neuen sozialen Bewegungen" der 1980er (Ökologie- und Friedensbewegung, Feminismus etc.). Parallel dazu wirkt sich die ökonomische und personelle Verflechtung von Diakonie und evangelischer Kirche darin aus, dass die Kirche auf der einen Seite erhebliche Ressourcen bereitstellen kann für eine starke verbandliche Präsenz, auf der anderen Seite wird dafür immer wieder nach einem spezifisch christlichen „Proprium" gefragt, jeweils gefärbt nach der jeweiligen theologischen Ausrichtung: (Offenbarungstheologie, existentiale Interpretation, Erweckungstheologie, Befreiungstheologie, Feministische Theologie etc). Wenn sie sich nicht extremen Ausnahmezuständen verdankten, so haben sich all die genannten Motivlagen keineswegs jeweils abgelöst, sondern überlagern sich vielfältig, das soziale Engagement kann sich immer weniger auf einheitliche und etablierte sozialmoralische Milieus stützen. Die Verbände mit ihrer über einer Million Mitarbeiterinnen und Mitarbeiter – 1997 war mit 1.121 Mio. vermutlich der Peak erreicht – sind schlicht zu groß, um erkennbar auch nur je für sich *ein* Profil auszubilden. Ihre Zukunft als Massenorganisationen – sie vertreten ca. 80.000 Einrichtungen und soziale Dienste – wird deshalb davon abhängen, dass sogar innerhalb des jeweiligen Einzel-Verbandes ein Konsens stets nur auf der Ebene der pragmatisch-organisatorischen Fragen gefordert wird, nicht aber auf der Ebene der Grundmotivationen, denn diese sind schlicht zu unterschiedlich.

Ein „freier Wohlfahrtsverband" im Sinne eines Korporatismus der Verbände und Parteien ist somit in erster Linie ein möglichst *wirksames* Organ zur Bündelung großer bürgerlicher Initiativen *außerhalb* des Staates. Seine Referenz in die Gesellschaft hinein – und damit auch sein Image – muss hinreichend spezifisch sein – *katholische* Caritas, *evangelische* Diakonie, *sozialdemokratische* Arbeiterwohlfahrt, *jüdischer* Zentralverband, *internationales* Rotes Kreuz etc. – und dennoch hinreichend unbestimmt, um eine Vielzahl von Orientierungen aufzunehmen. Es muss für Bürgerinnen und Bürger gerade durch die Chance großer Wirksamkeit aber auch durch die Bindung an unterscheidbare Ideale und Motive attraktiv sein, sich in den Verbänden – ehrenamtlich und hauptamtlich – zu engagieren. Es muss für Sozialministerien, aber auch für Parteien, die Medien, große Unternehmen etc. attraktiv sein, mit einem Wohlfahrtsverband zu kooperieren, was nur dann gegeben ist, wenn dieser dank hinreichender innerer Kohärenz auch wirklich verlässlich handeln kann. Was aber, wenn die gesellschaftlich relevanten Mächte sich zersplittern und weiter auseinanderstreben? Kann der pragmatische Konsens einen Verband dann noch zusammenhalten? Solange die Wohlfahrtsverbände im Wesentlichen nur in den relativ homogenen Groß-Kirchen und im Staat wirklich ernstzunehmende Partner gesellschaftlichen Engagements fanden, brauchten sie sich um den inhaltlichen Konsens wenig Gedanken machen, er wurde ihnen von außen geliefert. Auch jene „neuen sozialen Bewegungen" haben ihr Gedankengut in die Arbeit der Verbände mitgebracht, sie sind nicht aus ihnen hervorgegangen. Es könnte deshalb sein, dass ein großer Wohlfahrtsverband gerade in Zeiten zunehmender Auflösung traditioneller Gewohnheiten und Identifikationen – schlicht wegen seiner inzwischen modernisierten und deshalb effizienten Verwaltung und wegen seiner hohen therapeutisch-pädagogischen Professionalität – als gemeinsamer Hafen auch noch so diffuser Orientierung immer wieder neu an Attraktivität gewinnt. Es könnte aber auch sein, dass es anders kommt: Andere gesellschaftliche Kräfte erwerben sich den Ruf fachlicher Exzellenz und effektiven Sozialmanagements, laufen den Verbänden trotz ihrer Veränderung von Wertegemeinschaften in Dienstleistungsbetriebe in dieser Hinsicht den Rang ab, sodass nur die bisherige große Weite der symbolischen Identität – evangelisch, katholisch, jüdisch, sozialdemokratisch etc. – als „Markenvorteil" verbleibt. Dieser müsste dann aber mit großem Nachdruck gepflegt bzw. neu belebt werden; der bisherige Weg weg von der sozialpolitischen und assoziativen Funktion hin zur reinen Verbetrieblichung wäre dann zu revidieren. Dass noch in den 1960er Jahren ein vorwiegend verbandsbezogener Begriff von Subsidiarität dominant gewesen ist, dürfte der starken korporatistischen Tradition in der Bundesrepublik Deutschland entsprechen: der Kostenträger nimmt den Wohlfahrtsverband in Anspruch, um so seine Zuwendungen praktischer abwickeln zu können. Umgekehrt konnten die Verbände als eine Art Kartell den Markt sozialer Dienstleistungen konkurrenzlos für sich beanspruchen. Diese

Tradition aber hat längst an Gewicht verloren. Wir können heute klarer erkennen, dass mit einer „Invasion von Tauschbeziehungen und bürokratischen Regelungen in die kommunikativen Kernbereiche der privaten und öffentlichen Sphären der Lebenswelt“[6] soziale Pathologien einhergehen, die nur geheilt werden können, wenn Austauschprozesse nicht nur zwischen den Systemen, sondern zwischen Geld und administrativer Macht auf der einen Seite und lebensweltlicher Solidarität auf der anderen Seite stattfinden. Nach meiner Überzeugung sind gerade die Professionen die entscheidenden Verbindungsglieder. Sie können eine vermittelnde Funktion aber nur in dem Maße erfüllen, wie sie nicht mit fiskalischen und administrativen Belangen überladen werden. Professionelles Handeln lebt konstitutiv aus einem eigenen hochverdichteten Ethos und hat es mit dem Unverrechenbaren individuellen zwischenmenschlichen Verstehens zu tun. Auch professionellem Handeln ist aber der symbolische Grund nicht einfach „sicher“. Es bedarf stets neu der Vergewisserung, weil kollektive symbolische Horizonte nur denjenigen Heimat bieten, die sie stets wieder mit neuen Ideen bereichern. Dies dürfte in zweierlei Hinsicht erforderlich sein.

4. Kritik der ideellen Grundlagen der Professionen

Erstens ist folgendes Paradox zu lösen: Die das soziale Engagement nachhaltig tragende symbolische Orientierung muss einerseits eine fraglos anerkannte Selbstverständlichkeit sein, andererseits muss sie in ihrem Grundcharakter als eine soziale Konstruktion erkennbar gemacht werden und erkennbar bleiben. Lösbar ist dies nur durch die Einführung eines ausgedehnten Rhythmus‘. Alle „Autoritäten“, die als

---

[6] *Habermas, J.* (1998), 228.

sinn- und einheitsstiftende Kräfte angeboten werden, müssen – keineswegs permanent, sondern in eher seltenen, dann aber besonders hervorgehobenen Momenten – zur Prüfung ihrer Plausibilität und Überzeugungskraft einladen. Das bedeutet nichts Geringeres, als in größeren, aber regelmäßigen Abständen die eigene Identität aufs Spiel zu setzen; eine Orientierung muss scheitern können, wenn sie überzeugen können soll. Orientierungen, die sich kollektiver Suggestion und Bewusstlosigkeit verdanken, können in ihrem Bestand sehr „erfolgreich" sein, sie können aber nicht Gesellschaft stiften. Der Habitus des Selbstverständlichen muss sich von Zeit zu Zeit einer gründlichen Revision aussetzen, wenn er nicht zu jovialer Selbstgefälligkeit verkommen will.

Um diese Forderung zu verwirklichen, könnte man die Auslegung der Ursprungsmythen, der heiligen Texte und zeremoniellen Protokolle einer Art innerverbandlichem Parlamentarismus der Ideen unterziehen. Die Leitbildprozesse, die zunehmend in Unternehmen und Einrichtungen durchgeführt werden, weisen bereits deutlich in diese Richtung, vermeiden jedoch häufig, an den zentralen Symbolen zu rühren.

Zweitens: Die Verbände müssten zunehmend darauf verzichten, flächendeckende Angebote in allen Bereichen sozialer Arbeit anzustreben. Bestimmte Aufgaben müssten sie a) in zentralen kulturellen und humanitären Feldern und b) in ihrem Kern prinzipiell ohne fremde Hilfe *exemplarisch-modellartig* erfüllen. Solche Modelleinrichtungen und –projekte sollten als Werkstätten gesellschaftlicher Innovation dienen. Weder der Kinderschutzbund noch eine Rotkreuzstation noch eine Waldorfschule noch eine Kirchengemeinde sind einfach zu reduzieren auf die Rolle der Trägerorganisation eines durch die Bildungs- und Sozialgesetzgebung geregelten Dienstes. Andernfalls könnten die öffentlichen Träger diese Dienste auch in eigener Regie betreiben. Werden sich die nicht-staatlichen bürgerlichen Assoziationen ihrer Möglichkeiten bewusst, so könnten sie Bürgerinnen und Bürgern, wenn es denn anders nicht zu verantworten ist, auch ohne den staatlichen Partner mit Rat und Tat zur Seite stehen. Damit dies nicht Theorie bleibt, muss es von Zeit zu Zeit auch wirklich und dann auch öffentlich geschehen.

Daneben aber gilt weiterhin: Die Träger der freien Wohlfahrtspflege wollen den Sozialstaat, den frühere Generationen unter enormen Mühen erkämpften, nicht deshalb zum Feind erklären, weil er in die Krise geraten ist und nicht immer nur gut beraten nach Lösungen sucht. Gerade der moderne Staat lebt von Voraussetzungen, die er selbst nicht schaffen kann, er lebt von der stets neuen Bereitschaft der Bürgerinnen und Bürger, sich für das Gemeinwohl einzusetzen. Je unabhängiger die Akteure einander begegnen, desto besser kann im Sinne der Menschen und nicht nur im Eigeninteresse der Institutionen entschieden werden. „Management durch Zielvereinbarung" ohne dirigistische Gängelung sollte auch das Verhältnis zwischen öffentlichen und freien Trägern prägen. Gerade Modelleinrichtungen und –projekte dürfen nicht bis ins Detail gesteuert werden, wenn sie denn als Experimentierfeld dienen sollen. Wohl aber sollen sie zum Gegenstand intensiver Evaluation gemacht werden. Damit aber auch die Evaluationsmethoden selbst phantasievoll und intelligent eingesetzt werden können, sind bereits sie einer Meta-Evaluation zu unterziehen. Hier liegt ein weites Feld für Kooperationen zwischen Praxis und akademischer Forschung!

Der Streit um die Qualität: Vision oder Pragmatismus?

Es ist bezeichnend, dass sich der Streit um die Rollen im Verhältnis zwischen öffentlicher und freier Trägerverantwortung mehr und mehr an der Frage der Qualitätssicherung entzündet. Wenn mit immer knapper werdenden Mitteln geholfen werden soll, fragt sich natürlich: Was brauchen die Menschen? Wie hilft man effizient und wie bekommt man heraus, wer wirklich Hilfe braucht und was hilft? Oder noch zugespitzter: Wer ist eigentlich der legitime und kompetente Anwalt der Bedürftigen? Wer kann überhaupt mit welchen Instrumenten die „wahren" Bedarfe im konkreten sozialen Raum erheben? Der Streit um die richtige Hilfeleistung wird dann noch einmal überlagert vom Streit um die richtige Hilfeplanung. In der jüngeren Gesetzgebung stehen sich zwei Trends gegenüber: während im BSHG und im PflegeVG der rein ökonomische Wettbewerb zwischen allen freien Leistungsanbietern eröffnet wird, stehen im KJHG die fachpolitischen Grundsätze „Lebensweltorientierung" und „Partizipation der Betroffenen" im Mittelpunkt.

Es fragt sich dabei auf jeder der hier denkbaren Ebenen, ob nicht die Verflechtung öffentlicher und freigemeinnütziger Strukturen von einem bestimmten Komplexitätsgrad an politisch und administrativ so unauflösbar wird, dass man die Konflikte um die Standards nur noch auf dem Rücken betroffener Bürger und damit guten Gewissens schlechterdings nicht mehr austragen kann. Eine so intensive Partnerschaft von Staat und freier Wohlfahrtspflege, wie in Deutschland üblich, erfordert deshalb auf beiden Seiten ein enorm hohes und differenziertes Maß an politischer Kultur, welches nicht immer erreicht wird. Gerade deshalb muss man sich immer wieder bemühen, über das unerlässliche Aushandeln von Pflegesätzen, Bettenkapazitäten, Personalschlüssel etc. hinaus, die Grundlagen der Orientierung offenzulegen.

Wollen sich öffentliche und freie Träger nicht unfruchtbar ineinander verhakeln und natürlich auch nicht „im Blindflug" und beziehungslos durch die Gesellschaft bewegen, so brauchen sie gerade in den seit geraumer Zeit schwierigen Jahren Zeit und Ruhe für sorgfältige Überlegungen und Reflexionen und die systematische Entwicklung ihrer Ziele und Methoden. Es wäre gut, wenn die entsprechenden, gemessen an ihrer gesellschaftlichen Präsenz eher knappen Ressourcen der freien Wohlfahrtspflege noch stärker genutzt und ausgebaut würden. Was die vielen Fachreferenten auf den verschiedenen Ebenen an fachlicher und organisatorischer Kleinarbeit täglich leisten, ist eindrucksvoll; gerade sie aber brauchen gelegentlich die Grundsatzreflektion, um im Tagesgeschäft darauf zurückgreifen zu können. Gesellschaftspolitische Vision und alltäglicher Pragmatismus schließen sich nicht aus, sondern bilden Pole, die man zusammenhalten muss.

Die freien Träger und die Reform der öffentlichen Verwaltung

Es zeichnet sich ab, dass der Rückzug des Staates auf sogenannte „Kernaufgaben" sowie die Auflösung staatsförmiger Bedingungen im Leben der Wohlfahrtsverbände – wie übrigens auch der Kirchen – auch die freien Träger dazu zwingen, noch mehr als bisher die Charakteristika echter *non-profit*-Organisationen auszubilden und sich in flexiblere Organisationen auszudifferenzieren. Damit veränderten sich dann allerdings auch die Abhängigkeitsstrukturen. Drohte das soziale Handeln der freien Träger früher dem *wohlwollend vormundschaftlichen* Anspruch des Staates zu erliegen, so jetzt zunehmend dem *aggressiveren* Diktat der den „Markt" beherrschenden wechselnden *sozialpolitischen* und *kommunitären* Trends und Neigungen. Sollen die freien Träger sich aber nun nur noch für das engagieren, wofür gerade gespendet oder öffentliche Gelder bewilligt werden? Und was heißt hier Markt? Ein Zauberwort der öffentlichen Verwaltung heißt seit längerem: *„Neue Steuerungsmodelle"*. Verschiedene Einheiten der öffentlichen Verwaltung sowie darüber hinaus privatgewerbliche und freigemeinnützige Dienstleister sollen nicht mehr phantasielos ihre Haushaltsansätze exekutieren, sondern miteinander Verträge abschließen wie Verbraucher, Produzenten und Konkurrenten auf dem Markt privater Güter; so werden z.B. auf der Anbieterseite der sozialen Dienstleistungen mehr Akteure zugelassen, als gebraucht werden. Dadurch entsteht Wettbewerb. Zum Wesen von Wettbewerb und Markt aber gehört die in weiten Grenzen freie Kaufentscheidung des Verbrauchers und die von diesem überprüfbare optimale Qualität des Angebotes zu möglichst niedrigen Kosten. Anders als bei der Bewirtschaftung privater Güter ergibt sich jedoch im Sozial- und Gesundheitswesen, in dem es um öffentliche Güter geht, das volkswirtschaftlich sinnvolle Angebot nicht aus dem freien Spiel des Marktes. Der Staat greift vielmehr vielfältig und intensiv steuernd ein. Von allen Beteiligten politisch zu verantworten sind im Wesentlichen die Höhe der Beiträge oder Kostensätze sowie Umfang, Qualität und Verbreitung der Leistungen. Keine dieser Größen kann in den Himmel wachsen, im Gegenteil: sie geraten unter Druck, deshalb werden derzeit auf politischem und administrativem Wege Anreize geschaffen, hinsichtlich Qualität und Wirtschaftlichkeit vernünftiger als bisher zu handeln. Prioritätensetzungen sind unvermeidlich. Sollen Ressortbudgets und Beitragsgrenzen gesetzlich festgelegt werden? Sollen Leistungen aus dem Sozial- und Gesundheitssystem herausverlagert werden? Ein schlichtes Hin- und Herschieben dürfte wenig Sinn machen. Wie hoch ist der Anteil systemunspezifischer Ursachen an Kostensteigerungen? Wo lässt sich in dem enorm personalintensiven sozialen Dienstleistungsbereich rationalisieren? Welchen Beitrag leistet die empirische Sozialforschung bei der Entdeckung von Qualitäts- und Wirtschaftlichkeitsreserven? Professionelle Fachgesellschaften, Verbände, die Kostenträger, Trägergesellschaften verhandeln im politischen Streit darum, notwendige von nicht notwendigen Leistungen zu unterscheiden. Daran wären eigentlich auch die Klienten/Patienten, die Praktiker vor Ort und die Beitragszahler sowie die politischen Abgeordneten zu beteiligen. Wie sind alle diese Entscheidungsprozesse organisiert? *Selbst wenn man marktliche Elemente zur internen Optimierung von Verwaltungsabläufen einsetzt, angesichts des oben angesprochenen Marktversagens kommt man in den genannten Entscheidungsfällen um eine entsprechend entwickelte politische Kultur sowohl auf staatlicher Ebene als auch im nichtstaatlichen Bereich nicht herum.* De facto bestimmen in den Aushandlungsprozessen im Wesentlichen die politisch-rechtlich regulierten und legitimierten Kostenträger (Behörden, Kranken- und Pflegekassen) die Standards und die Preise für soziale Dienstleistungen; kartellartige Absprachen innerhalb der Verbände mag es geben, sie werden aber in der Konkurrenz zwischen privatgewerblichen, verbandlich organisierten und selbstorganisierten Vereinen und Initiativen wirkungsloser. Die Marktmacht ist im Dreieck Endverbraucher - Dienstleister - Kostenträger eindeutig auf Seiten des letzteren konzentriert. Dies ist auch systemkonform, es entspricht nicht nur dem Primat der öffentlichen Dienstpflicht des Staates, sondern auch dem gesetzlich privilegierten Prinzip der Gemeinnützigkeit. Der Staat als Subjekt hoheitlicher Aufgaben kann seiner Verantwortung gegenüber der Gesellschaft nicht entrinnen. Sollte er staatliche Vorgaben zugunsten privater Vertragsfreiheit zurücknehmen, so wäre auch dies politisch zu entscheiden. Eine von gesetzlich beauftragten Kostenträgern politisch, administrativ oder gar durch partielle Wettbewerbsstrukturen durchgesetzte Senkung der Nachfrage, der Preise, der Qualität oder eine Umsteuerung der öffentlichen Mittel trifft zum einen die sozialen Einrichtungen, die sich nicht grenzenlos anpassen können, ohne ihr Selbstverständnis zu verraten, zum anderen trifft es die Menschen in den entsprechenden Lebenslagen, die von den Kostenträgern und nachfolgend von den Einrichtungen als zu teuer ausgegrenzt werden. *Da dies nur politisch gesteuert werden kann, ist es auch politisch zu verantworten.* Hier an den Markt oder den organisierten Altruismus zu verweisen, ist raffiniert oder naiv, wenn nicht zynisch. Die Dienstleister können ihre „Produkte" zwar durch „Qualitätsmanagement" billiger und effektiver gestalten, sie können ihre Mandanten / Klienten / Besucher / Bewohner / Patienten sozialanwaltlich bei der Durchsetzung ihrer vom Gesetzgeber zugestandenen Rechtsansprüche gegen die Kostenträger unterstützen, über ihre Verbände können sie auch Einfluss auf die Gesetzgebung insgesamt nehmen.

All dies, so wichtig und unerlässlich dies auch ist, geht aber auf Kosten der Primäraufgabe: der direkten Zuwendung zu den hilfesuchenden Menschen. Erliegen also die gemeinnützigen Organisationen in ihrem Bemühen, als Teilnehmer am Markt aufzutreten, dem Diktat seiner Hauptakteure, müssen sie ihre Fachlichkeits- und Qualitätsansprüche unter wachsendem Kostendruck senken? Die Gefahr ist nicht zu leugnen, und an vielen Orten geschieht dies längst. In dem Maße, in dem der Sozialstaat sich aus seiner derzeitigen Leistungsbereitschaft zurückzieht, werden freigemeinnützige und korporative Träger vor die Aufgabe gestellt, sich deutlicher in Nähe zum Markt zu reorganisieren. Die Gemeinwesenorientierung der Wohlfahrtspflege mit ihren Gefahren der Überregulierung durch den Staat, des Expansionszwanges aufgrund der vom Gemeinnützigkeitsrecht geforderten Investitionspflicht und der als leistungsfeindlich gegeißelten Tarifbindung des öffentlichen Dienstes weicht dann der „Kunden"-Orientierung. Aber ist damit wirklich etwas gewonnen? Selbst wenn die Sozialgesetzgebung den Leistungsempfängern – z.B. im PflegeVG – die Auswahl zwischen verschiedenen Leistungen einräumt, wird deren Käufer-Position dennoch wieder obsolet, wenn die Kosten bedarfsgerechter Versorgung höher sind als die der nach dem Gesetz bereitzustellenden Mittel. Das Modell der Käufer-Verkäufer-Beziehung kann in der Wohlfahrtspflege also allenfalls hinsichtlich des Pluspunktes des unternehmerischen Wagemuts maßgeblich sein. Das konkrete Bündnis aus Sozialmanager und Professionellem kann sich nicht auf eine Rolle als reiner Dienstleister zurückziehen, es muss – und zwar auf der Bühne der kommunalpolitischen Öffentlichkeit – an einer anwaltlich-repräsentativen Rolle für Bedürftige festhalten. *Deshalb bleibt nur das Modell der ethisch – und zwar berufsethisch – gebundenen bürgerlich-solidarischen Assoziation als politisch-unternehmerisches Standardmodell des Organisationstypus einer modernen Wohlfahrtsorganisation annehmbar.* Das Bündnis aus kommunitärem Träger und professionellem Mitarbeiter ist nach wie vor der Kern der freien Wohlfahrtspflege, das wird in der Öffentlichkeit in seiner Bedeutung nach wie vor enorm unterschätzt. Dieses Modell dürfte nach wie vor gute Chancen haben, und zwar in dem Maße, wie sich die öffentlichen Kostenträger nicht als hoheitlich-technokratische, sondern als fachpolitisch kooperative Partner erweisen. Wie kann man sie wirksam auf diese zweite Möglichkeit hin ansprechen? An diesem Punkt muss sich das Sozialmanagement in den Verbänden und ihren Einrichtungen – und zwar auf lokaler Ebene – noch erheblich deutlicher als bisher profilieren. Da die konkrete Ausgestaltung eines – nicht innerbehördlich hierarchischen, sondern partnerschaftlichen – Verhältnisses von öffentlichen und freien Trägern im Neuen Steuerungsmodell auch nach zwanzig Jahren noch immer am Anfang steht[7], stehen die Zeichen günstig für einen Dialog über Selbstverständnis und Zukunftsperspektiven freier Träger. Wie die oben genannte Gewichtung zwischen BSHG/PflegeVG-Philosophie auf der einen Seite und KJHG-Ansatz auf der anderen Seite sich über die Jahre und Jahrzehnte entwickeln wird, hängt nicht zuletzt von der Qualität dieses Dialogs ab.

Um möglichst konkret an diesen Fragen weiterzuarbeiten, fasse ich stichwortartig mögliche anstehende Themenstellungen zusammen:

- Vermittlung des Sinns freigemeinnütziger Tätigkeit an die eigenen Mitarbeiter/innen
- Kampagne „Für die Wertschätzung von Professionalität“
- Kampagne „Die Qualität der Qualitätsdebatte“
- Kampagne „Für fachpolitische Verantwortung – gegen fiskalisch-technokratische Kostendämpfung“
- Der Bezug auf sozialmoralische Milieus und symbolische Orientierungen
- Die Ausschreibung von Aufträgen: wie kommen sie zustande, wie werden sie geprüft, wonach werden sie ausgewählt, wer unterstützt sie, wie stellt man seinen Antrag?

Kommunikation und Verantwortung

Von der Welt der Wohlfahrtspflege soll der Blick nun wieder zurückgehen auf das kirchliche Leben. Wie sollen nun die landeskirchlichen oder freikirchlichen „Gemeinden“ und „Sonderseelsorgen“ und die – übrigens weit überwiegend extern refinanzierten – „Einrichtungen“ miteinander und mit Dritten praktisch und konkret zu-

---

[7] Vgl. *Backhaus-Maul, H.* (1999).

sammenarbeiten? „Die Gemeinde“ ist nach der hier vorgeschlagenen Definition nun nicht mehr einfach die „Parochie“ in der Tradition des landesherrlichen Kirchenregiments, sondern ganz alltagspraktisch derjenige Bereich *„kirchlichen Lebens“*, der sich auf ein Dorf, einen Ort oder ein Stadtquartier beziehen. Solche kirchlichen Standorte verfügen – dank ihrer Vergangenheit als „Kirchengemeinden“ – in der Regel über eine oder mehrere Predigtstätten, Versammlungsräume, Büros, ein Gemeindehaus und eben über „Einrichtungen“ und fügen sich vielfältig in das Leben im Kirchenkreis, im örtlichen Gemeinwesen und nicht zuletzt der lokalen Milieus ein. Alles zusammen ist „die offene Gemeinde“, die sicherlich nach wie vor – insbesondere für die innerkirchlich Kirchenfernen – vornehmlich in hervorgehobenen Gebäuden und Amtspersonen greifbar und sichtbar wird. Der formale Sinn des Ganzen jedenfalls liegt offensichtlich darin, im vorstehend bereits mehrfach angedeuteten exemplarischen Sinne *Kommunikation* zu stiften. Je nachdem, wie dies gelingt, gibt es an den Orten kirchlichen Lebens „starke“ und „schwache“ Gemeinden und neben und in ihnen ebenso „starke“ oder „schwache“ Einrichtungen. Soll der schwache Teil nicht untergehen und den starken Teil sogar noch mitbeeinträchtigen, so müssen die „Starken“ den „Schwachen“ helfen und wenn dies partout nicht gelingen will, sie gegebenenfalls auch aufgeben bzw. sich von ihnen unabhängig machen.

Das gleiche gilt für die Kirchenorganisation auf der überregionalen Ebene, so dass sich für die Gesamtkirche die Frage stellt, ob nicht eigentlich eine verantwortliche – und zwar intelligente, nicht-dirigistische – Steuerung sinnvoll wäre, die dafür sorgt, dass dem Gesamtorganismus nicht wichtige Organe fehlen oder wenn diese vorhanden sind, dass sie nicht gegeneinander, sondern konstruktiv zusammenarbeiten. Das meiste regelt sich in einem sozialen Organismus sicherlich auf dem direkten Wege zwischen den Instanzen, unerlässlich sind aber auch gerade in Konflikten, unter ökonomischem Druck oder in anderen sensiblen Fragen hierarchisch übergeordnete Stellen, Verfahren und Experten, die sich einen Überblick verschaffen, einen zugleich offenen und verlässlichen Entscheidungsrahmen vorgeben und neue Informationen in das System bringen können. Es fragt sich z.B., ob das Prinzip „Summe der beim Einwohneramt gemeldeten Seelen = Summe der Kirchensteueranteile" in urbanen Kontexten immer angemessen ist. Die Kirche braucht auf allen Ebenen dringend durchsetzungsfähige und verantwortungsbereite Führungen und kompetente Experten, ihr fehlen durchgängig zielgerichtete Management-Informationssysteme und Instrumente der Personalentwicklung, die zur Ausbildung von Führungskräften verhelfen könnten. In der Kirche geht dieser Appell an die Kirchenleitungen und Kirchenämter sowie an die oft mächtigen Kirchenkreisvorstände; im Blick auf die Diakonie richten sich die Erwartungen insbesondere auf die Diakonieverantwortlichen in den Kirchenkreisen, die Kammern der Dienste und Werke und die Diakonischen Werke auf der Ebene der Kirchenkreise, der Landeskirche und nicht zuletzt auch der EKD. Besonders die Diakonischen Werke sollen einerseits ihre Mitglieder zu einer effektiven und politisch geschlossen auftretenden „Spitze" für die Interessenvertretung im Bereich der Wohlfahrtspflege formieren, sie sollen sich andererseits aber auch öffnen und Raum geben für die Wünsche der Mitglieder, für Kontakte, zur Pflege von Beziehungen und zum Austausch von neuen Ideen, Erkenntnissen und innovativen Konzepten und zur Vermittlung von Kompetenzen, die nicht nur aus dem weiten Bereich von Diakonie und Kirche, sondern auch aus Politik, Verwaltung und Wirtschaft und aus anderen Ländern stammen können. Beides steht in Spannung zueinander, oftmals dominiert die Funktion des Spitzenverbandes, deshalb ist auf die Notwendigkeit zur Öffnung und Transparenz immer wieder neu hinzuweisen.

Kirchliches Leben in gesellschaftlicher Verantwortung

Vielen gilt „die Gemeinde" nach wie vor als kirchliche „Basis. Einrichtungen werden nur solange geduldet, wie sich die Basis diesen „Luxus" leisten kann. Stimmt dieses Bild? Ich plädiere dafür, das ganze Ensemble kirchlichen Lebens vor Ort mit Uta

Pohl-Patalong als „Ort kirchlichen Lebens" zu begreifen, deren sämtliche Elemente dann prinzipiell jederzeit zur Debatte stehen. Es geht in Diakonie und kirchlichem Bildungswesen im Grunde nicht um Instrumente für den Dienst der Gemeinde „an" der Gesellschaft, als vielmehr um die Auslegung des Auftrages, der der Kirche von ihrem Ursprung her gegeben ist und insofern um *die Erhaltung kirchlichen Lebens* in einer ökonomisch gesunden und kulturell lebensfähigen Gestalt, die allerdings hier und heute ihren Sinn darin hat, Sinnaussagen in *moderne* Gesellschaften hinein zu liefern. Ob dies wirklich nachhaltig auf jenem ungewöhnlichen „deutschen Sonderweg" der freien Wohlfahrtspflege gelingen kann, mag zunehmend umstritten sein; viele Jahrzehnte aber hat es sich redlich bewährt und wird dies hoffentlich auch weiterhin tun. Dem staatlichen Normdruck sowie dem wachsenden Wettbewerbsdruck gegenüber werden sich die diakonischen Träger auf jeden Fall nur dann souverän verhalten können, wenn sie sich intensiv darüber verständigen, welche Kriterien sie selbst an die Elemente ihrer eigenen Sozialgestalt legen. Die Regeln, nach denen man eine Schule, einen Kindergarten, ein Krankenhaus oder eine Beratungsstelle ordnet, müssen keineswegs schon darum theologisch suspekt sein, weil sie formal vom staatlichen Gesetzgeber, von Standesorganisationen oder den Tarifpartnern stammen. Entstehen können sie allemal nur in langen und komplexen deliberativen Debatten. Dabei ist sicherlich auch die Theologie mit ihrer Dogmatik gefragt. Anstöße und Richtungsweisungen erfolgen aber ebenso aus der Sachebene (Sozialwissenschaften), aus der Zeitebene (Entwicklung der Glaubenskommunikation) und der sozialen Ebene (Wandel der Umwelt). Auf weite Strecken sind weder Kirche noch Diakonie in Deutschland im 19. und 20. Jht. rein aus sich heraus entwickelt worden, sondern in Korrespondenz zu wichtigen Entwicklungen der öffentlichen Ordnung. Dabei lag ein Schwerpunkt stets in den Feldern der sozialen Sicherungssysteme und der Sicherung sozial schwächerer Gruppen, weniger in denen der Arbeitswelt. Ein anderer Schwerpunkt lag im Feld der Bewältigung der sozialen und mentalen Folgen der Weltkriege. Ein dritter Schwerpunkt dürfte in der eher wenig öffentlich erkennbaren Bemühung um die Modernisierung und Professionalisierung religiöser Lebensvollzüge liegen. Solche Schwerpunkte müssen zunächst einmal bewusst gemacht werden, damit sie dann zum Gegenstand kritischer Verantwortung werden. In jedem Fall ist in Institutionen, die sich für die Zukunft der Gesellschaft mitverantwortlich fühlen, allemal neben der direkten Leistung und Leitung auch die spezielle Ebene der Reflexion vorhanden.

II. Soziale Praxis in kirchlichem Auftrag

1. Die kirchliche Sozialgestalt als Zeichen christlicher Freiheit

Nehmen wir als Ausgangspunkt für die folgende, jetzt dezidiert theologische Vergewisserung noch einmal die Diakonie: Die Diakonie umfasst eine Vielzahl von Arbeitsfeldern in der evangelischen Kirche, die alle den Charakter sozialer Dienstleistung haben. Weithin wird die Diakonie in der Kirche begründet anhand der Viergliederung von *Martyria* (Zeugnis), *Leiturgia* (Feier), *Diakonia* (Dienst) und *Koinonia* (Gemeinschaft) als den Grundelementen kirchlichen Lebens. Damit aber stellt sich die Aufgabe, jeweils den Zusammenhang zwischen den vier Lebensformen zu benennen. Was hat der Dienst mit dem Zeugnis zu tun, und wie verhält er sich zur Gemeinschaft, gilt er nur nach „innen" oder auch nach „außen"? Was ist überhaupt „innen" und „außen" im Leben der Kirche? Nach welchen Gesichtspunkten wählt sich „die Kirche" eigentlich ihre Sozialgestalt? Vielleicht lässt sich der soziale Organismus, den wir Kirche nennen, doch besser so verstehen:

„Die Kirche ... kommt dadurch zustande, dass Menschen kraft des Heiligen Geistes verstehen, erkennen und bekennen, dass Gott im Leben und Sterben Jesu Christi die ganze Menschheit mit sich und so die Menschen untereinander versöhnt hat. Eine jede sichtbare Kirche ist deshalb dazu bestimmt, als vorläufiges Zeichen der Versöhnung der Menschheit mit Gott und der darin begründeten Versöhnung der Menschen untereinander zu leben. Sie ist nicht einfach Selbstzweck, denn sie ist nicht mit dem Reich Gottes identisch, sondern nur seine vorläufige Darstellung."[8] Die klassi-

---

[8] *Reuter, H.-R.* (1996), 10.

sche biblische Textstelle hierfür ist 2. Kor 5, 20: „So sind wir nun Gesandte für Christus, indem Gott durch uns ermahnt; wir bitten für Christus: Lasset euch versöhnen mit Gott!“ Wie eine Institution die universale Versöhnung konkret darstellen kann, lässt sich gut im Anschluss an die lutherische Bekenntnisformel CA VII an den gottesdienstlichen Sprach- und Symbolhandlungen verdeutlichen. Verkündigung und Feier der Sakramente als Kennzeichen der Kirche sind *„nicht exklusiv, sondern signifikativ zu verstehen: sie definieren die Kirche nicht abschließend, sondern geben an, unter welchen Umständen man in jedem Fall darauf trauen darf, im Kontext menschlicher Interaktionen auf die Gemeinschaft der Glaubenden zu treffen.“* [9]

Hinter den Ausführungen von Reuter steht eine dreifache begriffliche Unterscheidung der Kirche. Die Kirche ist in erster Linie und wesentlich die geschichtlich unübersehbare, unabgrenzbare, als Ereignis der Versöhnung unverfügbare und insofern *„verborgene“ Gemeinschaft der Freigelassenen der Schöpfung*. Alle diejenigen gehören zur Kirche im Sinne eines freien Reiches freier Individuen, die den Geist der Freiheit, wo immer er weht, erlebt haben und von ihm berührt sind. Autor, Gesetzgeber und stets neuer „Gründer“ der Kirche ist der freie Geist, der dem, das nicht ist, ruft dass es sei; er allein ist die „innere“ Mitte der Kirche. Und als Wirkung solcher Berührung im Erfahrungszusammenhang der biblischen Überlieferung bildet sich die Kirche in zweiter Hinsicht als Bündnis zu gemeinsamem Darstellen und Verstehen dieser Erfahrungen. Menschen finden sich zusammen als *„äußerlich sichtbar“ handelnde – sittliche – Interpretationsgemeinschaft* im Austausch und in der Inszenierung explizit kirchlicher Handlungen wie Predigt, Taufe, Abendmahl und der Pflege und Praxis implizit kirchentypischer Handlungen wie Bildung, Gerechtigkeit und Solidarität. Und keineswegs als Ergebnis irgendeines Missverständnisses oder einer Degeneration bildet sich drittens die Kirche unter dem Aspekt der für eine soziale

---

[9] *Reuter, H.-R.* (1996), 12: vgl. auch *Reuter, H.-R.* (1997).

Organisation notwendigen Rechtssicherheit als ebenfalls *„sichtbare" Rechtsgemeinschaft* zur verlässlichen Verwirklichung des Auftrags der Christenheit nach einem bestimmten Schema von Rechten und Pflichten. Das Recht in der Kirche ist zuallererst das Recht der Christinnen und Christen zur freien Auslegung des Evangeliums.

Die *sichtbaren* Gestalten sind Hinweise auf die *verborgene* Gestalt. Sie haben eine Art katalytischer Funktion. Entscheidend für die Frage nach der Bedeutung der institutionellen Formen im Leben der Kirche im weitesten Sinne, also auch des Bildungswesens und der Diakonie, ist nun, das im obigen Zitat genannte Material genau zu betrachten, *aus dem* gewählt werden soll: es handelt sich um *Interaktionen und ihren Kontext*. Einigen soll man trauen, anderen nicht. Die Verkündigung und die Feier der Sakramente sind also nicht um ihrer selbst willen da, sondern erfüllen ihren Sinn erst bei denen, die von ihnen inspiriert und aufgeklärt an die Sichtung des ja nicht anders als universal zu nennenden Materials der „Interaktionen und Kontexte" in ihrer ganzen Weite und Tiefe gehen. In jeder der drei Sinnebenen des Begriffs „Kirche" handelt es sich um einen Vollzug „mit anderen für andere": Gottes Reich für die Welt, die Verkündigung der Kirche an „alle Völker", das Leben der Christen füreinander und für den Nächsten. Welche Interaktionen und Kontexte kommen in die nähere Wahl? Vom Sprachakt der Predigt blicken wir hinüber in die Vielfalt der Bildungstraditionen, von der Taufe hinüber auf alle Akte der Anerkennung der unverlierbaren Menschenwürde und damit auf das Gerechtigkeitshandeln insgesamt, das Abendmahl schließlich öffnet uns die Augen für Arme, Kranke, Schwache, Stigmatisierte und Flüchtlinge in ihrer besonderen Bedürftigkeit, auch wenn wir ihnen rechtlich gar nichts schuldig sind. Genau hinzusehen, Beschämendes nicht zu verdrängen, Verdrängtem behutsam und doch beharrlich nachzugehen, macht den inneren Kern dieser Weltwahrnehmung aus. Sie ist „Kulturarbeit" im eminenten Sinn. Die Symbole sind also Erkennungsmuster, die uns lehren, welche Begegnungen mit Recht das Prädikat „Kirche" tragen und deshalb unsere religiöse Leidenschaft wecken. Wo es weder Bildung noch Anerkennung noch Solidarität gäbe, würde man das Reich Gottes vergeblich suchen; es müßte dort allererst hineingetragen werden, und zwar nicht anders als durch Bildung, Anerkennung und Solidarität.

Wie verstehen wir uns aber, wenn wir uns um Bildung, Anerkennung und Solidarität bemühen? Tun dies nicht auch andere? Gewiss, denn „wir" sind ja immer unterwegs zu erkennen, wer „wir" denn alle sind und wer – zuweilen ganz unverhofft – alles zu „uns" gehört. Wer glaubt, dass es so etwas wie „Nächstenliebe" im Sinne von Bildung, Anerkennung und Solidarität überhaupt gibt und dies in seinem Ursprung nicht selbst sichern zu müssen meint, der glaubt an das „Reich Gottes" und muss nicht, aber kann sich und die anderen auf diesem Wege als die „Gemeinschaft der Glaubenden", als die „Kirche" verstehen. Er glaubt, dass Begegnungen in der profanen Welt als Vollzüge „des wahren, des ewigen Lebens" existentiell bedeutsam sein können, und zwar gerade so, dass wir „in Christus" in der Solidarität aller Geschöpfe unaufgeregt menschlich und sterblich sein können.

Bildung und Wohlfahrtspflege als gesellschaftliche Aufgabe

Nicht nur das „innere", auch das „äußerliche" Leben der Kirche erstreckt sich immer weiter als die einzelne historisch gewachsene Kirchenorganisation. Das Leben jeder einzelnen Kirchenorganisation ist in fließenden Übergängen verwoben mit dem umgebenden kulturellen Leben. Deshalb ist die Kirche, dort wo es „Gesellschaft" im modernen Sinne gibt, auch immer Teil dieser Gesellschaft. Und zum Entwurf des Zusammenlebens in einer modernen Gesellschaft gehört die Pflege der Bildung und der allgemeinen Wohlfahrt. Einzelne Bürgerinnen und Bürger, Gruppen, Bewegungen, aber auch Betriebe, Kirchen, Verbände und Parteien beteiligen sich an diesen Aufgaben in unterschiedlicher Weise. Auch staatliche Träger wie Kommunen, Landes- und Bundesbehörden bieten in Deutschland soziale Dienstleistungen, dem Staat obliegt aber zuvörderst die Gewährleistung des Sozialstaatsgebots der Verfassung im

Rahmen der für alle geltenden Gesetze. Die konkrete Hilfe leisten am besten stets diejenigen, die in der Situation ohnehin „vor Ort“ sind – die katholische Soziallehre nennt dies Subsidiarität – ; das kann Fall für Fall ganz unterschiedlich sein und bedeutet keineswegs automatisch einen Vorrang nichtstaatlicher vor staatlichen Instanzen. Es fordert, dass in allen Bereichen der Gesellschaft die „entferntere“ Ebene nicht Aufgaben übernehmen soll, die die „nähere“ bereits hinreichend erfüllen kann. Eine bunte Vielfalt – im Bildungswesen und in der Wohlfahrtspflege heißt dies Gemeinwohlpluralismus – ist überall besser als ein Zentralismus mit wenigen mächtigen Blöcken. Gleichzeit stellt das Prinzip der Solidarität einen Gegenpol dar, der verhindert, dass „den einzelnen und kleineren Gemeinschaften, insbesondere den Familien, Lasten aufgebürdet werden, die ihre Lebensmöglichkeiten im Vergleich zu anderen Gliedern der Gesellschaft erheblich beschränken. Gerade die Schwächeren brauchen Hilfe zur Selbsthilfe. Solidarität und Subsidiarität gehören also zusammen und bilden gemeinsam ein Kriterienpaar zur Gestaltung der Gesellschaft im Sinne der sozialen Gerechtigkeit“ (Gemeinsames Wort der Kirchen „Für eine Zukunft in Solidarität und Gerechtigkeit“, Ziff. 121).

Haben nun christliche Kirchen an der Entwicklung moderner Gesellschaftsentwürfe kräftig mitgewirkt, so werden sie jetzt, da diese in den letzten zweihundert Jahren offensiv und mit all den damit verbundenen Chancen und Risiken umgesetzt werden, nicht abseits stehen. Je erfolgreicher sie gesellschaftliche Ressourcen für die Pflege von Bildung und Wohlfahrt mit aufspüren, mobilisieren und in bestimmter Weise zum Einsatz bringen, desto deutlicher müssen sie sich und anderen Rechenschaft geben, nach welchen Gesichtspunkten sie dabei entscheiden. Bei der Wahl der Formen und Inhalte tätigen kirchlichen Lebens konkurrieren sie mit anderen gesellschaftlichen Kräften, sie erfahren, dass ihre Macht nur begrenzt ist, dass man Fehler machen, in Konkurs gehen und sich sogar versündigen kann. Der bildungs- und sozialpolitische Einfluß von Protestanten und Katholiken auf die Idee und die Praxis des modernen Wohlfahrtsstaats ist stets beträchtlich gewesen, dennoch erleben sie seine Gesetze nicht immer nur als Chance, sondern ebenso sehr auch als rigide, im Extrem auch inakzeptable Grenze.

Eine Kirche als Teil der Gesellschaft bewegt sich deshalb zwischen den beiden folgenden Polen: Das eine Extrem ist, sich stets opportunistisch dem Norm- und Wettbewerbsdruck ohne Anspruch auf eine eigene Stimme zu fügen, bis dahin, dass man sich resigniert zurückzieht und anderen das Feld überlässt. Das andere Extrem wäre die radikale Opposition nach den Prinzipien eines gesellschaftlichen Gegenentwurfs. Jede Kirche, die sich nicht auf einen archimedischen Punkt verflüchtigt, wird sich als soziale Gestalt so oder so immer zwischen diesen beiden Polen in der Gesellschaft bewegen.

Die Debatte um die der jeweiligen gesellschaftlichen Lage angemessenen Formen und Inhalte kirchlichen Lebens wird deshalb grundsätzlich immer offen geführt werden müssen. Naiv wäre es, direkt aus der biblischen Überlieferung Aussagen über die „wahre", oder „eigentliche" oder „unverzichtbare" Form kirchlichen Lebens abzuleiten. Die Mühe und das Wagnis der Interpretation und Übersetzung bleiben einer verantwortlichen Kirchenorganisation nicht erspart. Der Streit der Parteien kann deshalb gar nicht anders als auch innerhalb einer Kirche geführt werden. Alle Formen und Inhalte, ob die „Ortsgemeinde" mit ihren kirchenmusikalischen und gemeindepädagogischen Veranstaltungen und ihrer Gemeinwesenarbeit, die „Kommunitäten" und „Akademien" mit ihren Lebensgemeinschaften, Exerzitien und thematischen Tagungen oder die „diakonischen Einrichtung" mit ihren psychosozialen, pädagogischen und medizinisch-pflegerischen Diensten oder auch die Sonderseelsorgen in Kliniken, Gefängnissen und Feldlagern sind stets vorläufige und revidierbare Darstellungsformen der Gemeinschaft der Heiligen, sie sind nie mit ihr identisch. Sie können nie „reiner" Ausdruck geistlichen Lebens sein, weil der Geist immer in, mit und unter politisch, fachlich und ökonomisch bedingten Verhältnissen wirkt. Offen zu halten ist der Wettstreit insbesondere in der Diakonie gegenüber dem wachsenden Druck rein geldlicher Effizienzkriterien. Lösten die Ordensgemeinschaften und Diakonissenmutterhäuser die „ökonomische Frage" der Wohlfahrtspflege früher durch eine enorm erfolgreiche Verknüpfung von Askese, Hierarchie und Dienstbereitschaft auf eindrucksvolle Weise, so haben im 20. Jht. die Systeme der sozialen Sicherung im Wohlfahrtsstaat diesbezüglich den Sieg davon getragen. Sie nämlich bieten ihren Teilhaberinnen und Teilhabern Sicherheit, ohne deren individuelle Lebensentfaltung ernsthaft zu beschränken, allerdings um den Preis der weitgehenden Anonymität und Einsamkeit mit allen sozialen Folgekosten. Was einst als besondere „Berufung" erfahren wurde, klingt so gesehen auf den ersten Blick enttäuschend nüchtern und abhängig von „äußerlichen" Dingen. Aber auch der Gottesdienst ist darin „äußerlich", dass dort Worte, Dinge und Kräfte wirken, die der „Welt" zugehören; und gerade das erlaubt doch in der weiteren Konsequenz auch eine besondere Hervorhebung der an sich so profanen sozialen Sicherungssysteme: Sie sind hart erkämpft, keineswegs selbstverständlich und für den Glaubenden ein Geschenk.

2. Professionalisierung und Qualifizierung in der religiösen Bildung

Die folgenden Ausführungen zielen auf Innovationen in der Kirche, die sich von den zunehmend weniger einzulösenden Versprechen der überlieferten Kirchentümer freimachen, die dabei aber sowohl dem Ursprung der christlichen Kirche im Evangelium verpflichtet sind als auch der Bestandsaufnahme der Möglichkeiten und Grenzen heutiger kirchlicher Sozialgestalt. *Ausgangspunkt ist die These, dass sich der Auftrag des Evangeliums als Auftrag zur Überlieferung einer Botschaft durch die Zeiten hindurch und quer zu allen Einteilungen kirchlichen Lebens als „Bildung" fassen läßt.* Anders formuliert: Eine Kirche als sichtbare Darstellungsform des gelebten Evangeliums ist eine ökonomisch nachhaltig lebensfähige Organisation mit dem Ziel der Bildung in noch näher zu erläuterndem Sinne.

Die „Summarien" in den Evangelien

Fragt man nach klassischen Referenztexten für das, was im Sinne europäisch-atlantischer Zivilisation für „Bildung" im umfassenden Sinne steht, so wird man ohne Zweifel u.a. den Hinweis auf das Neue Testament bekommen. Fragt man weiter, welche „Botschaft" der christliche Kanon diesbezüglich enthält, so wird man – insbesondere in der protestantischen Theologie des 20. Jhts. – vornehmlich auf die Bergpredigt verwiesen oder auch auf den Römerbrief. Mit diesen „großen" Texten des Neuen Testaments legt man sich allerdings auch enorme Lasten hinsichtlich der Diskussion ihrer Auslegung auf. Deshalb wähle ich um der Beschränkung auf einige zentrale Beobachtungen willen im Folgenden nur einen kleinen, allerdings hochverdichteten Ausschnitt. In den sogenannten „Summarien" der Evangelien bietet die christliche Überlieferung eine bündige Fassung dessen, was der Anbruch des Reiches Gottes im Wirken Jesu von Nazareth mit sich bringt. Eines dieser Summarien begegnet im Matthäusevangelium an der Stelle, wo Johannes der Täufer aus dem Gefängnis heraus die folgende, Judentum und Christentum ebenso verbindende wie trennende Frage an den Rabbi aus Nazareth richten läßt: *„Bist du es, der kommen soll, oder sollen wir auf einen anderen warten?"* Jesus läßt ihm als Antwort zukommen: *„Geht hin und sagt Johannes wieder, was ihr hört und seht: Blinde sehen und Lahme gehen, Aussätzige werden rein und Taube hören, Tote stehen auf und Armen wird das Evangelium gepredigt"* (Matth. 11, 2 – 6). Also keine Antwort, sondern eine implizite Rückfrage: Was meint Johannes selbst?! Die Antwort auf ihre Frage werden sich Johannes und seine Jünger aus dem, was sie sehen und hören, also selbst geben müssen. Eine ähnliche Reihung begegnet im sogenannten „Aussendungsbefehl" Jesu an die Jünger kurz vor der zitierten Textstelle: *„Das Himmelreich ist nahe herbeigekommen. Macht Kranke gesund, weckt Tote auf, macht Aussätzige rein, treibt böse Geister aus. Umsonst habt ihr's empfangen, umsonst gebt es auch weiter."* (Matth. 10, 7 – 8)

Was in diesen Summarien gehört, gesehen und getan wird, gilt als Anbruch des Reiches Gottes. Es steht vermutlich in dem Sinne symbolisch für das Ganze des Reiches Gottes wie etwa in den Gleichnissen Jesu ein durchaus alltägliches und profanes Einzelnes – ein Senfkorn wächst, ein verlorener Groschen taucht wieder auf, ein Ortsfremder hilft einem Einheimischen unvermutet aus Lebensgefahr – für das ganze Wunder der universalen Erlösung steht. In den Erscheinungen, dass Menschen gesund werden, aufwachen, wieder sehen und sich bewegen können und der Gewalt fremder Mächte entrinnen, zeigt das Himmelreich sein Gesicht. Es könnte ja auch ein ganz anderes Gesicht offenbart haben, – hat es aber nicht!

Beide Seiten legen sich gewissermaßen gegenseitig aus: Wie es sich mit dem Himmelreich eigentlich verhält, kann man am Gesicht des Taubgeborenen ablesen, der erstmals Stimmen und Laute um sich herum wahrnimmt. Und was diejenigen, die die Heilungen von Blinden, Lahmen und Aussätzigen sehen, eigentlich und wirklich sehen, kommt erst heraus, wenn Jesus es ihnen als „Kommen des Himmelreichs" deutet. *Beides hat also seine eigene Würde;* die Heilung hat für sich genommen ihre eigene Würde, sonst könnte sie nicht den Charakter des Himmelreichs versinnbildlichen – was das Himmelreich ist, weiß nur, wer die Heilung erlebt hat. Die Erwartung des Himmelreichs wiederum hat ihre eigene Würde, andernfalls könnte sie die Heilung nicht mit einer erweiterten Perspektive umgeben – wessen Augen nicht durch die einzelne Heilung hindurch auf den Stern der Welterlösung gerichtet werden, weiß gar nicht, welche Freude eigentlich in ihr beschlossen ist und wird sie für einen Tropfen auf den heißen Stein halten müssen. Dies bedeutet nicht, die Bildung und Entwicklung eines Einzelnen nun auch als Schritt auf dem langen Weg einer Erziehung des Menschengeschlechts oder gar einer zunehmenden Heiligung der Welt werten zu müssen. Hier scheiden sich die – konfessionellen – Geister. Nach protestantischer Überzeugung ist der Christenmensch als Bürger des Himmelreichs „ein freier Herr aller Dinge und niemandem untertan"; gleichwohl bleibt er als Bürger dieser Welt „ein Knecht aller Dinge und jedermann untertan", in lateinischer Formel: *simul justus et peccator.* Seine Freiheit erlaubt ihm, seinen Dienst aufrechten Ganges auszuüben. Anders als in der römisch-katholischen Tradition zählen hier die „Fortschritte" in der moralischen Kultivierung des Kosmos' nur „symbolisch".[10]

Bildung als Wirkung des Gottesreiches

Was in den Summarien der Evangelien vordergründig und hintergründig als Wirken des Gottesreiches vorgestellt wird, läßt sich unter den umfassenden Begriff der *Bildung* versammeln. Damit gewinnen wir einen begrifflichen Raum für die primäre Aufgabe, die dem Leser des Matthäusevangeliums als Aufgabe eines Jüngers der Religion vorgestellt wird. In Übertragung sei deshalb die folgende Paraphrase erlaubt: *„Geht hin und sagt den Freunden und Verächtern der Religion, was ihr hört und seht: Menschen sehen und Menschen gehen, Menschen gewinnen Klarheit und Menschen hören, Menschen gewinnen Selbstvertrauen und Menschen werden gebildet."* Die Zumutung, die in dieser Übertragung liegt, soll nicht geleugnet werden: Es entsteht der Eindruck, als hätte es auch die Religion „nur" mit „nichts als" dem Alltagsleben und seiner praktischen Bewältigung und Kultivierung zu tun. Ist demnach der Bezirk des Heiligen vielleicht nur eine besondere Art kultureller Stilisierung? Das wäre die klassische Antwort des theologischen Liberalismus. Die Religion erscheint

---

[10] Vgl. *Maurer, E.* (1998); durch die berühmten reformatorischen "Sola"-Formeln "soll das Verständnis der Rechtfertigung als eines Reifeprozesses, der sich an ganz bestimmten menschlichen Zuständen oder Aktionen empirisch verifizieren läßt", ausgeschlossen werden [*Jüngel, E.* (1998), 176f.; vgl. a.a.O. 155 Anm.77; 167; 183 - 190].

dann entzaubert und verflacht; diese Deutung ist auch nicht einfach von der Hand zu weisen. Man kann es aber auch umgekehrt wahrnehmen: Durch die Religion wird das Alltagshandeln als irdisches Gefäß eines ewigen Schatzes hervorgehoben und erhöht, es bekommt einen ideellen Horizont, der ihm einen „Sinn" verleiht, ohne welchen schon der nächste Tag wie ein Schritt in's Leere erschiene. Das ist die „offenbarungstheologische" Lösung. Ich mag sie lieber.

3. Bildung der Gesellschaft – Bildung in der Gesellschaft

Gesellschaft als Projekt und Institution

Bildung ist in der Moderne keine Frage persönlicher Neigung, sondern Inbegriff gesellschaftlichen Lebens schlechthin. Freiheit ist in der Neuzeit in allererster Hinsicht Freiheit zur Bildung. Bildung ist der Weg, der allererst zur Freiheit führt. In dem Maße, wie Veränderungen in den politischen und wirtschaftlichen Praktiken, technische Neuerungen, Wandlungen in Religion, Kunst und Wissenschaft etc. als Ausdruck von „Kultur" und insofern unter der Perspektive von „Geschichte" interpretiert werden, eröffnet sich die Perspektive, das eigene Leben und das der Gemeinschaft als „Projekt" unter der Idee der Freiheit zu verstehen. Diese Freiheit ist in der Neuzeit, ob eingelöst oder nicht, letztlich immer die Freiheit des Individuums gewesen. Diese Sicht ist das Wesen der „Moderne"; den „Autor" und „Gesetzgeber" und auch das Ergebnis dieses Projektes nennen wir *„Gesellschaft"*. Ist *Gesellschaft* also ein genuin jüdisch-christliches Projekt? Verdankt sich also der moderne soziale Rechtsstaat westlicher Prägung in hohem Maße protestantischen Staatsutopien? Das Aufkommen der Idee eines universalen Freiheitsprojektes mag man historisch sehr unterschiedlich lokalisieren, man mag seine kulturellen Vorläufer bis in die Texte der klassischen griechisch-römischen Antike, die paulinischen Gleichheitsvisionen oder die prophetischen Traditionen der hebräischen Bibel oder noch weiter zurückverfolgen, entscheidend ist, dass dabei klar unterschieden wird zwischen jener Idee samt ihrer Geschichte und den Praktiken und Institutionen „moderner“ Gesellschaften, die zwar auf diese Idee hin angelegt waren, ihr jedoch nie auch nur annähernd entsprechen konnten. Nicht so sehr diese oder jene politische Konstellation oder Revolution, sondern jener an der Wende zum 19. Jht. zu datierende „*diskursive* Bruch etablierte die modernen Ideen als imaginäre Bedeutungen für Individuen und Gesellschaften und instituierte dadurch neue Typen sozialer und politischer Themen und Konflikte“.[11] Gesellschaft im terminologischen Sinne gab es vorher gar nicht! Eine historisch-soziologische Beschreibung der Moderne gründet insofern auf einer relativ jungen normativen politischen Theorie. Ihren noch idealtypisch vergleichsweise „reinen“ Hintergrund liefert die klassisch-neuzeitliche Philosophie der Renaissance. Sobald man auch Reformation und Aufklärung als Frühzeit der Moderne geltend machen möchte, handelt man sich bereits die Mühe erheblicher Differenzierungen ein. Eine selbstkritische Aufklärung unterscheidet deshalb zwischen dem „Bild der *Befreiung* durch moderne Institutionen und dem der *Disziplinierung* durch eben diese Institutionen“.[12] Wenn die Soziologie die Geschichte der Modernen und ihrer Institutionen heute in aufeinanderfolgende Phasen der Öffnung und Schließung gliedert, so bedeutet dies im Blick auf das Geschick des Individuums, dieses als Drama von *Entwurzelung* und *Wiederverwurzelung* zu beschreiben. Je größer der Spielraum und die Reichweite moderner Institutionen, desto geringer die Chance, ihnen zu entkommen. Dies macht die Ambivalenz aller Modernen aus. Sie gründet in der „doppelten imaginären Bedeutungsgebung der Moderne als individuelle Autonomie und ihrem substantiellen oder kollektiven Anderen“.[13] Die liberale Utopie sieht vornehmlich

---

11 *Wagner, P.* (1995), 15, kursiv: vS. vgl. *Osterhammel, J.* (2013).

12 *Wagner, P.* (1995), 13, kursiv: vS.

13 *Wagner, P.* (1995), 41.

den Gewinn der Autonomie und glaubt an die Selbstorganisation und -regulation aller jener Kräfte, die von natürlichen und historischen und sozialen Beschränkungen befreit wurden. Versteht man demgegenüber Institutionen als gleichermaßen *ermöglichend* wie *beschränkend*, dann wird die soziologische Analyse möglichst genau zu bestimmen haben, wer und welche Handlungen befördert und welche beschränkt werden. Unterliegt, wie zu vermuten ist, auch Bildung dem ermöglichenden wie beschränkenden Einfluß von Institutionen, so muss das Interesse an Bildung – und an Religion – sich vornehmlich als *Institutionskritik* ausbilden.

Religion organisieren?

Umgangssprachlich werden heutzutage die Begriffe „Institution“ und „Organisation“ oft synonym gebraucht. Dass Institutionen regelrecht „organisiert“ sind, ist jedoch eine recht späte Erscheinung in der Geschichte der Institutionen, das ließe sich leicht an der Geschichte der Institution „Ehe“ belegen. Institutionen haben also erst in fortgeschrittenen Modernisierungsprozessen den Charakter von „Organisation“. Da der Abstand zwischen der konkreten Ebene der Interaktion unter Anwesenden und der abstrakten Ebene der gesellschaftlichen Grundüberzeugungen und -werte bei der wachsenden Ausdifferenzierung, Pluralisierung und Individualisierung der Lebensverhältnisse immer größer wird, bedarf es einer Form, diesen Abstand zu überbrücken. Diese Form nennen wir Organisation, sie verknüpft für sich genommen kontingente Vorgänge in nicht-kontingenter Weise: ein Mensch erleidet einen Unfall; ein Arzt hält sich in seiner Praxis auf. Die nicht-kontingente Verknüpfung dieser beiden kontingenten Vorgänge lautet: Immer wenn ein Mensch einen Unfall erleidet, ist der nächst erreichbare Notarzt zur Behandlung verpflichtet. Unfall und Behandlung sind miteinander verknüpft durch Organisation im Rahmen des Gesundheits-„wesens“. Der *abstrakte* „Grundwert“ des Rechtes auf Unversehrtheit des Leibes begegnet dem Unfallopfer in Gestalt der *konkreten,* verläßlichen Organisation kompetenter und schneller Hilfe. Was hier am Beispiel des Gesundheitswesens dargestellt wurde, gilt entsprechend für alle anderen Bereiche der Gesellschaft. Ist Bildung als Inbegriff von Freiheitsgewinn das Paradigma gesellschaftlichen Handelns und ist gesellschaftliches Handeln immer geformt durch Organisation, dann steht und fällt die Möglichkeit einer kritischen Pflege und Weiterentwicklung von Bildung mit der Möglichkeit der gründlichen Kritik ihrer Organisation und dann erst (!) natürlich auch mit der Fähigkeit zur Organisations*entwicklung*.

Lassen sich Bildung und Religion und religiöse Bildung und gebildete Religiosität *organisieren*?[14] Um noch einmal den Übergang von der lebensweltlichen „Interaktion unter Anwesenden" zur nachhaltig „regulierten Organisation" anzudeuten: Immer gibt es rund um einen lebensweltlichen Primärprozeß eine soziale Assoziation im Übergang eines Einzelnen vom *Begegnen* zum *Verweilen* als (1) *Schüler, Patient, Klient* etc. Es tritt sodann das Moment der Kompetenz respektive der Macht hinzu, dieses verbindet sich mit dem Moment des Nutzens oder Erleidens, alles zusammen wiederum wird fundiert von ökonomischen Voraussetzungen, ohne die die Beteiligten gar nicht beieinander wären. In der Ausdifferenzierung moderner Gesellschaft entwickelt sich dies weiter. Für die Assoziation steht eine *Gründung*, die sich aus ursprünglich direkter Betroffenheit heraus zu einer rechtlich geordneten Organisation formiert, den (2) *Rechtsträger*. Für die Kompetenz steht die (3) *Profession*, vertreten durch den einzelnen „Mitarbeiter". Der Nutzen verdichtet sich in der Klientel, deren ökonomische Basis im (4) *Kostenträger*. Diese vier Pole werden im folgenden Schema miteinander verbunden.

---

[14] Bereits vor mehr als einem halben Jahrhundert stellte Niklas Luhmann diese geradezu prophetische Frage und lieferte auch eine Antwort: vgl. *Luhmann, N.* (1972).

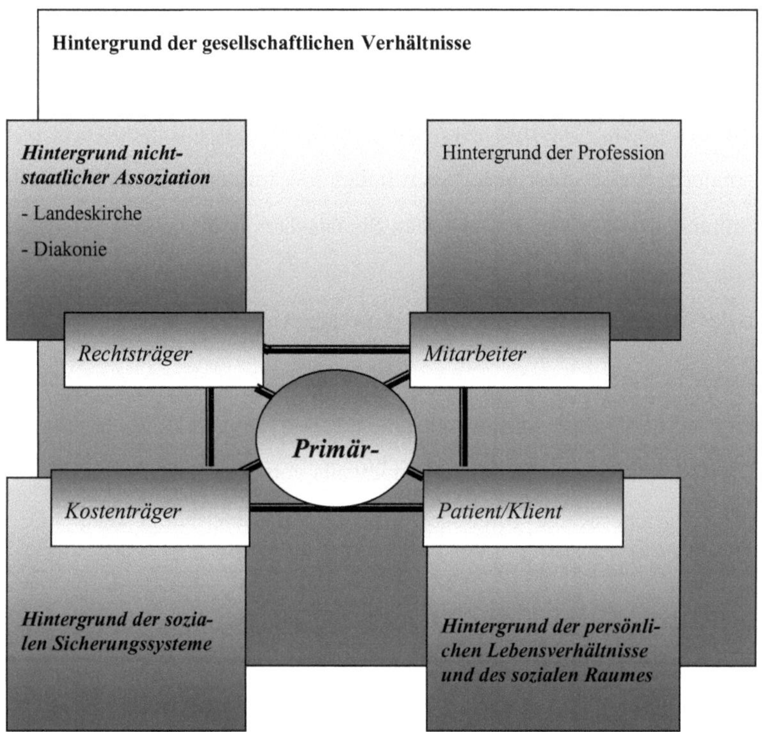

Das Schema stellt das Beziehungsmuster der Institutionalisierung gesellschaftlicher Praxis im Interesse menschlicher Bildung im weitesten Sinne dar.[15] Im Mittelpunkt steht die jeweilige „Primäraufgabe" der „Erziehung", des „Unterrichts", der „Therapie", die sich wiederum einem eigentlichen Kern widmen soll, die Therapie z.B. der Bewältigung der Krankheit, die Erziehung der Entwicklung des Kindes. Das Schema soll das Arbeitsfeld von Erzieherinnen in einem Kindergarten ebenso repräsentieren wie das von Lehrern in einer Schule, das von Ärztinnen und Pflegern ebenso wie das von Studienleitern einer Akademie oder von Pfarrerinnen im Konfirmandenunterricht. Selbst der kirchliche Gottesdienst als Interaktion in einer „Gemeinde“ und somit als Teil der sozialen Welt läßt sich mit diesem Schema untersuchen. In allen Fällen wird ein öffentlicher Auftrag vorausgesetzt, die Beteiligten handeln in Bahnen, die in besonderer Weise einer gesellschaftlichen Gesamtverantwortung unterliegen. Damit ist unterstellt, dass alle organisierten Sozialsysteme mit derselben Grundfunktion auf Gesellschaft bezogen sind: sie vermitteln zwischen der Ebene der Gesellschaft und der Ebene der Interaktion unter Anwesenden.

Das Interesse an einem besseren Verständnis dieses komplexen Zusammenspiels kann sich auf alle Pole und auf alle Achsen zwischen den vier Polen beziehen, kann bei einem Pol seinen Ausgang nehmen und jeweils von dort bezogen auf die anderen Achsen die mögliche Reihe folgender Fragen umfassen. Fängt man z.B. beim Rechtsträger an, so kann man fragen:

- Wie konstitutiert sich der Träger, welche Geschichte hat er, welche Zukunftsperspektiven?
- Wie gestaltet sich das Verhältnis zwischen dem Rechtsträger und den – vor allem leitenden – Mitarbeiterinnen und Mitarbeitern?
- Welche Art der Akkreditierung benötigt der Rechtsträger von Seiten des Kostenträgers? Welche Qualitäten muss er vorweisen? Was macht den Kostenträger attraktiv, dass der Rechtsträger sich gerade durch ihn finanziert?
- In welcher Weise vermittelt der Rechtsträger zwischen den Ansprüchen der Kostenträger und denen der Mitarbeiterschaft?

---

15 Vgl. *Schubert, H. v. et al.* (1998).

- Gibt es eine mehr als nur virtuelle Beziehung zwischen Rechtsträger und Klient? Wenn nicht, wie wäre diese zu gewinnen? Lag in dieser Beziehung einst nicht die eigentliche Gründungsidee des Rechtsträgers? In welchem Verhältnis stehen ältere „sozialstaatliche" Assoziationsformen zu neueren „kommunitären" Entwicklungen?[16]

Im Blick auf Ansatzpunkte einer religiösen Hervorhebung der Bildungspraxis lässt sich weiterhin fragen: Wird ein Träger seine Auftragsvorgaben im Fall der religiösen Prägung in erster Linie in der ihm vertrauten und angemessenen Sprache *rechtsförmiger* Bestimmungen – meist in Präambeln – und in der Sprache *ökonomischer* Organisation – etwa durch Bereitstellung von Personalstellen und Räumen – artikulieren? Wird er es dabei belassen dürfen? Sieht er sich verpflichtet, auf der Ebene *seiner* Organisation ein bestimmtes Selbstverständnis zum Ausdruck zu bringen, erlaubt ihm dies überhaupt, die Rolle eines „Trägers" und Stifters von Mandaten gesellschaftlichen Handelns zu übernehmen? In dem Maße, in dem er seinen Mandatsträgern keine oder nur undeutliche Vorgaben liefern sollte, wäre zu erwarten, dass sich die Verantwortung für die religiöse Ausrichtung automatisch auf die Ebene der Mitarbeiterschaft verlagert – und dort vermutlich als Überforderung erlebt wird. Die Mitarbeiterschaft wiederum dürfte versuchen, die ideelle, z.B. religiöse Programmatik im Kontext des „Professionshandelns" zu thematisieren und dort wohl am ehesten im Bereich der Motivation, der Erfahrungsverarbeitung oder der persönlichen Frömmigkeitspraxis, wobei sich die Frage stellt, inwieweit der eigentliche Auftrag professionellen Handelns, der ja einschließlich seiner ethischen Dimensionen bereits in den Handlungsregeln *lege artis* niedergelegt ist, auf Religion bezogen werden kann. Neue Wege könnten auch mit sogenannten „Leitbildprozessen" gesucht werden, die zumeist die Unternehmenskultur, das Qualitätsmanagement, das Betriebs-

---

16 Vgl. *Kaiser, J.-C.* (1998).

klima, die Atmosphäre am Arbeitsplatz, die Praxis der betrieblichen Mitbestimmung und die Veranschaulichung einer *corporate identity* betreffen; auch hier könnte eine allgemeine ethisch-religiös untermalte „Kundenfreundlichkeit“ propagiert werden, der eigentliche Kern der institutionellen Praxis bliebe voraussichtlich aber dennoch Sache der Fachlichkeit und Wirtschaftlichkeit und nicht des religiösen Profils. Oder könnte man dies doch auch anders sehen?

Was am Beispiel der Trägerperspektive nur angedeutet wurde, läßt sich dort vertiefen und außerdem auf jede der drei anderen Perspektiven übertragen. Stets leitet das Schema dazu an, zu fragen, welche Konsequenzen sich aus einer bestimmten Konstellation im Verhältnis zwischen zwei Polen auf die Beziehungen zu den übrigen Polen ergeben. Das genannte Schema liefert insofern einen fruchtbaren methodischen Ansatzpunkt für künftige Studien über gesellschaftliche Institutionen des Bildungswesens und der Wohlfahrtspflege unabhängig davon, ob dies dann auf Religion bezogen wird oder nicht. Wer dies einmal in Seminaren ausprobiert, macht wichtige Entdeckungen, die zur Regeneration der Beziehungen beitragen können.

Fallverstehen in der Begegnung

Im Zentrum jeder „Bildung“ steht das Verhältnis zwischen demjenigen der „bildet“ und demjenigen, der „gebildet“ wird. Diesem Kern der institutionellen Praxis sollen nun noch einige Überlegungen gewidmet werden, da sich hier in sehr aktueller Weise die Machtfrage in der gesellschaftlichen Praxis stellt. Wünschenswert ist ja ein solcher Dialog insbesondere, wenn es uns um die Frage des religiösen Charakters professionellen Handelns geht, der alle Dimensionen von Professionalität umfasst.

Bei der Erfassung dieser Dimensionen kann man auf ein Modell professioneller sozialer Praxis zurückgreifen, das dieses unter dem Stichwort „Fallverstehen in der Begegnung“ zusammenfaßt.[17] Professionelle soziale Praxis wird hier verstanden als „widersprüchliche Einheit von Orientierung ... an universellem wissenschaftlichen Wissen als auch am Verstehen einer individuellen lebenspraktischen Problematik der Klienten“. Damit kreuzen sich zwei Achsen. Zur Achse des Wissens gehören das fachliche Schulwissen und seine philosophische Grundlage auf der einen Seite und das Handwerkszeug und die Handwerksregeln auf der anderen. Zur Achse der Begegnung gehören die individuelle Lebenspraxis der Klienten auf der einen und der organisatorische Kontext der Professionellen auf der anderen Seite.

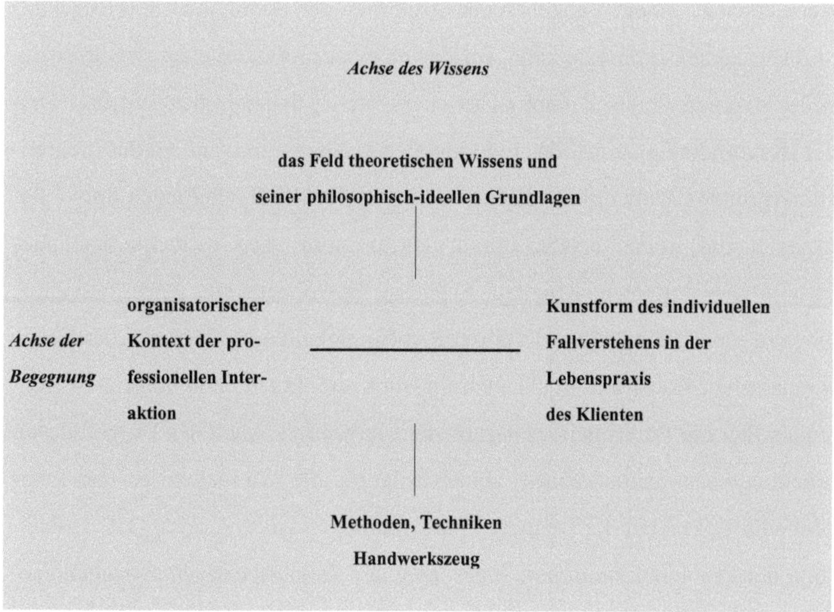

In diesem Schema treffen die Verallgemeinerungen wissenschaftlicher Erkenntnis auf die unverrechenbaren individuellen Erfahrungen der Praxis, und ebenso trifft das

---

17 Vgl. *Hildenbrandt, B., Welter-Enderlin, R.* (1992).

spezifische professionelle Rollenhandeln auf das persönliche, gar intime Erleben der Klienten. Die Priorität professioneller sozialer Praxis liegt dabei zwar beim individuellen Fallverstehen. Dieses ist aber nur möglich auf der Basis verallgemeinerbaren und damit erlernbaren Wissens. *Professionalität zeigt sich in der Entschlossenheit und Beharrlichkeit, diese Widersprüche nicht zugunsten jeweils eines der beiden Pole zu beseitigen.* Die Wissensanwendung unter Ausblendung der Individualität erreicht den Klienten nicht, sondern begegnet nur noch den eigenen Objektivierungs- und Klassifizierungsmerkmalen. Auch die individuelle Berührung unter Ausblendung verallgemeinerbarer Rahmenorientierungen verfehlt den Klienten, weil es auf diese Weise nicht zu einem Verstehen der Strukturen der Bedingtheit und Regelhaftigkeit des Geschehens kommen kann. Im Prozeß einer professionellen Arbeitsbeziehung in der sozialen Praxis kommt es zu einem steten dynamischen Wechsel zwischen der Hervorhebung einmal des individuellen Erlebens, zum andern des theoretischen Hintergrundes, wobei methodische und institutionelle Bedingungen immer mit zu reflektieren sind. In der sozialen Praxis geht es darum, die Geschichte des Falles zu verstehen. Den Patienten, Klienten, Schülern, Bewohnern etc. wird Autonomie zugeschrieben unter Würdigung vielfältiger Abhängigkeiten. Sowohl auf der Ebene der biographischen Konstruktion als auch im Blick auf aktuelle und künftige Veränderungen als Ziel der Praxis geht es darum, die Unabänderlichkeit des Vorgefallenen und Zurückliegenden anzuerkennen, als auch darum, die Wandelbarkeit und Interpretationsbedürftigkeit bei der Deutung von Erfahrungen zu entdecken. Das Aushandeln schon der Problemdefinitionen, mehr noch der Zielperspektiven zwischen Professionellem und Klient hat weitgehend den Charakter des Geschichtenerzählens. „Diagnostik" und „Therapie" – ob im erzieherischen, sozialpädagogischen, beraterischen, pflegerischen, heilkundlichen oder seelsorglichen Handeln – bilden hierbei eine unauflösbare Einheit. In den Zusammenhang dieses „Geschichtenerzählens" gehört es nun auch, die Weite des allgemeinen kulturellen Hintergrundes einzubeziehen.

4. Religion, Gesellschaft und Bildung

Religion als Kulturkritik

In den nun folgenden Überlegungen soll der Versuch gemacht werden, die beiden vorangehenden Abschnitte auf mögliche Verbindungen hin zusammenzuführen. Wo und wie könnte die Religion im Leben eines gesellschaftlichen Arbeitsfeldes einen – vor allem in Bezug auf die oben zentral herausgestellte jeweilige Primäraufgabe – legitimen Platz haben? Wir müssen wenigstens annäherungsweise eine Vorstellung haben, was wir unter Religion, und zwar im Sinne ihrer möglichen Programmatik, verstehen, wenn wir sie samt ihrer Funktion in der sozialen Welt aufspüren und verstehen wollen. Hierzu zunächst ein erster vorsichtiger Anlauf: Eine empirische Vorgabe ist schon durch die Existenz eines religiös qualifizierten *Arbeitsfeldes* – einer evangelischen Schule, eines anthroposophischen Kindergartens, buddhistischen Seminars, katholischen Krankenhauses etc. – in dem Sinne gemacht, dass überhaupt ein konstruktiver Zusammenhang vorausgesetzt wird zwischen dem, was wir „religiös" oder „weltanschaulich" nennen und dem Betrieb einer modernen gesellschaftlichen Organisation der Wohlfahrtspflege oder der Bildung. Die religiöse Botschaft bezieht sich, wenn auch sicher kritisch, auf eine Institution moderner Kultur; Religion läßt sich folglich fassen als „Kulturkritik". Eine solche Kulturkritik kann in der Erfüllung der drei folgenden Aufgaben bestehen:

„Weitergabe, Pflege und Auslegung der religiösen Überlieferung. Insbesondere die religiösen Mythen sind Dokumente der ersten Momente einer Befreiung des Menschen vom Bann kosmischer Mächte, indem sie von diesen erzählen und auf sie antworten. Um sich nun nicht von der eigenen Tradition wie von einer neuen kosmischen Übermacht wiederum in Bann schlagen zu lassen, muss die Religion eine besondere Unabhängigkeit gegenüber ihren eigenen Institutionen pflegen, sie muss aus ihrer Geschichte lernen, ihre Überzeugungen zur Diskussion stellen und sich kulturell engagieren. Nur so erfüllt sie ihre dritte Aufgabe und verteidigt die Freiheit der Kultur gegen ihre mögliche Selbstzerstörung. Sind es doch wiederum ideologische Mythen, die die Unterdrückung politischer Freiheit legitimieren und den Blick darauf verstellen, wie Menschen die Quellen ihres gemeinsamen Lebens bewahren und erweitern können. Die Religion ist besonders verantwortlich für die Komplexität einer Gesellschaft, die ihrerseits den Grad ihrer politischen Freiheit anzeigt.“ [18]

An der Erfüllung dieser drei Aufgaben ist ein Träger im Blick auf die Pflege der Kultur auf seine spezifische und begrenzte Weise beteiligt, der Mitarbeiter wieder auf eine ganz andere, der Patient, Klient oder Schüler auf wieder eine andere. Alle zusammen liefern ihren Anteil am konkreten Leben in den Klassenzimmern und Hörsälen, den Spielgruppen, den Bibelstunden, den Arztpraxen, Hilfsdiensten und den Initiativen und Bewegungen. Verdichten sich gerade in sozialen Betrieben und Einrichtungen komplexe Beziehungen in hoher Machtkonzentration – der Pfarrer auf der Kanzel überragt die gesamte Gemeinde, ein einziger Schüler kann seine gesamte Klasse beflügeln oder lähmen –, dann sollte man gerade dort einen wichtigen Platz für Religion vermuten. Es besteht Anlaß, dieser Vermutung weiter nachzugehen. Jede gesellschaftliche Praxis hat selbst ihren Bestand an Mythen, anhand derer sie gedeutet wird. Wie anders als in Gestalt von Alltags-Mythen soll sich der „empirische Befund“ im modernen sozialen Leben auch ausdrücken können; steht doch jedem Beobachter der einerseits „hautnahen“, andererseits weit verflochtenen sozialen Interaktion immer nur ein sehr begrenzter Ausschnitt aus dem komplexen Ganzen zu

---

[18] Vgl. *Rudolph, E.* (1996).

Verfügung. Dieser Gedanke mutet der Praxis z.B. des Schul- oder Gesundheitswesens nichts Geringeres zu als sich wenigstens gedankenexperimentell einmal als „implizite Religion“ zu verstehen. Wenn die explizite Religion die erste und die zweite Aufgabe gewissermaßen an sich selbst erfüllt hat, kann sie – in welchen Gestalten auch immer sie sich primär manifestiert – ihre dritte Aufgabe dann auch in der Transformation des Anderen, z.B. des Bildungs- oder des Gesundheitswesens, erfüllen. Jene Bereiche treten dann gewissermaßen selbst aus ihrem „mythischen Stadium“ in ihr aufgeklärtes „religiöses Stadium“ hinüber. Damit die Unterscheidung einer zweiten von einer dritten Aufgabe der Religion überhaupt einen Sinn macht, muss es also primäre und sekundäre Manifestationen von Religion geben oder Religion im expliziten und Religion im impliziten Sinne. Die expliziten Formen symbolisieren den impliziten Sinn.

Kritik der Alltagsmythen

Bevor wir uns weiter jener Zumutung aussetzen: Was veranlaßt uns überhaupt dazu, von „Deutungen“ des Alltags zu sprechen. Kann man die soziale Welt nicht auch ganz einfach pragmatisch betrachten? Die Ökonomie z.B. liefert alle erforderlichen Kategorien: Jeder Mensch strebt nach materiellem Einkommen, er bietet deshalb Produkte oder Dienste an, für die „am Markt“ Nachfrage besteht und will dabei einen „Mehrwert“ erzielen. Nun – auch dies ist eine „Deutung“; auch wenn sie schlicht und pragmatisch daherkommt. Jedermann weiß, dass auch die Sphäre der Wirtschaft ein komplexes Vielerlei darstellt, dass sich oftmals so unberechenbar gebärdet wie das Wetter; die Verhaltensökonomik entdeckt das gerade. In solchen Horizonten entsteht das, was wir eine „mythische Deutung“ nennen, sie umgibt Erfahrungen mit Geschichten und bindet sie in Geschichten ein, in denen alles vorkommen kann, vorzugsweise aber „Götter“, „Heroen“ und „Dämonen“, scheinbar nüchtern sprechen viele heute von „Werten“, „Trends“ und „Dynamiken“. Damit wird Kontingenz in

Schicksal verwandelt, Unvertrautes in Vertrautes. So bewältigen Menschen seit Jahrtausenden das immer neue Drama der Bewusstwerdung des Menschen. Die Erfahrung ihrer Freiheit ordnen sie etwa nach dem Bild des „Geistes" – unterstützt durch Metaphern wie Erwählung, Erleuchtung, Inkarnation, Ethos. Der mit zunehmender Freiheit um so stärker erlebten Übermacht der Kontingenz – alles, was ist, kann im Nu vergehen und hätte auch ganz anders kommen können – setzen sie den Glauben an den „Schöpfer", die „Weisheit" des Schicksals eine „innere Ordnung" des Kosmos oder die Mechanismen des „Marktes" oder die Prinzipien einer sittlichen „Vernunft" entgegen. In den Spannungen der sozialen Welt machen sie ferner die Erfahrung, dass Frieden und Freiheit sich nur vertragen, wenn auf die Durchsetzung von Ansprüchen verzichtet wird. Mythisch erscheint diese Erfahrung im Phänomen der Hingabe oder des Opfers, ökonomisch in Gestalt der „Investition" und des „Risikos". Menschen tragen mit ihren Deutungen auf eine ganz eigentümliche, eben mythisch-religiöse Weise zum Aufbau dessen bei, was sich uns als die Welt des „Wirklichen" wie die des Geistigen, als die Welt des Ich darstellt. Geht das mythische Bewußtsein dabei noch ganz unmittelbar und unreflektiert vor, so weiß die Religion, dass der Mythos keine „Gegenstände" benennt, die wir in eine gegebene Welt hineinstellen könnten, sondern dass er eine der Funktionen ist, mittels derer wir erfassen und uns damit zurechtfinden, dass etwas überhaupt ist und dass es so ist, wie es ist. Auch andere Formen menschlicher Welterfahrung – Wissenschaft, Kunst, Sprache, Technik, Wirtschaft – haben es ja nicht einfach mit Gegenständen zu tun, sondern für sie alle gilt analog, was man am Beispiel des sprachlichen, zunächst rein physischen Klanglautes aufweisen kann: „Aber nun begibt sich das Wunder, dass diese einfache sinnliche Materie durch die Art, in der sie betrachtet wird, ein neues und vielgestaltiges geistiges Leben gewinnt. Indem der physische Laut, der sich als solcher nur durch Höhe und Tiefe, durch Intensität und Qualität unterscheidet, sich zum Sprachlaut formt, bestimmt er sich damit zum Ausdruck der feinsten gedanklichen und gefühlsmäßigen Differenzen. Was er unmittelbar ist, tritt jetzt völlig zurück gegenüber dem, was er mittelbar leistet und ‚besagt'."[19] Und ein weiteres, was man für den einfachen Sprachakt sagen kann, gilt ebenfalls gerade auch für die Religion: „Wäre das Zeichen nichts als die Wiederholung eines bestimmten, in sich fertigen Einzelinhalts der Anschauung oder Vorstellung, so wäre weder abzusehen, was mit einer solchen schlichten Kopie des Vorhandenen geleistet werden, noch wie sie in wirklicher Strenge erreicht werden sollte. Denn es liegt auf der Hand, dass die Nachahmung an das Original niemals heranreichen, es für die geistige Betrachtung niemals ersetzen könnte."[20] Das Leben der Religion steht und fällt mit der *Auslegung* ihrer Überlieferung und mit der Inszenierung ihrer Vitalität bis hin zum Eintritt in die Selbstvergessenheit der Ekstase und der geordneten Rückkehr aus ihr. Jede ihrer Grundformen und deren Interpretationen – die Bibel in ihren Auslegungsmöglichkeiten, der Koran in seinen Auslegungsmöglichkeiten, eine psychotherapeutische Schule samt ihren anthropologischen Überzeugungen – wird von jedem, der ihnen begegnet, zunächst als ein Anderes und Fremdes wahrgenommen. Diese Fremdheit muss gemeinsam ertragen werden, damit gerade dann, wenn eine der Antworten auf die religiöse Frage mich überzeugt hat, das Band zu den Anderen nicht durchschnitten wird. Möglich ist die Einhaltung der modernen Toleranzregel im Blick auf etwas so Elementares wie Religion nur, wenn die christliche, die jüdische, die islamische – auch die sozialistische, die anthroposophische, die psychoanalytische oder die wirtschaftsliberale –

---

19 *Cassirer, E.* (1923, 1953^2, 1994^{10}), 27.

20 *Cassirer, E.* (1923, 1953^2, 1994^{10}), 44. Der eingangs gewählte summarische Begriff der „Bildung" könnte auch durch „Kommunikation" oder durch „Sprache" ersetzt werden. In jedem Fall wird die fruchtbare Spannung zwischen Religion auf der einen Seite und Sprache oder Bildung auf der anderen Seite dann am deutlichsten, wenn wir weniger auf schon sehr gehobene Weisen des Sprechens – etwa der seelsorgerlich-therapeutischen Tiefenkommunikation oder des akademischen Fachgesprächs – schauen, sondern auf die ganz vordergründige lebensweltliche Verständigung, wenn jemand einen Urlaub plant, sich eine Rechenaufgabe erklären läßt oder nach dem Weg zur Post fragt. Jedesmal können wir verweilen und den existentiellen Hintergrund ausleuchten. Und dies geschieht dann mittels der hervorgehobenen Formen der „Wissenschaft", der „Politik" oder der „Kunst" etc.

Antwort in einer solchen Weise erscheint, die ihren kommunikativen Horizont offenhält.

Pragmatischer Vordergrund und symbolischer Hintergrund

Die Gefahr solchen Scheiterns ist in der protestantischen Volkskirche besonders groß, wenn die Erinnerung an Wort und Sakrament mit dem – und sei es nur unbewußten – Gedanken verknüpft wird, als handle es sich dabei um eine *absolute* Argumentationsgrundlage, die als Letztbegründung für Ketten sich notwendig daraus ableitender logischer Schlußfolgerungen dienen könnte; und jede dieser Deduktionen führe dann z.B. unausweichlich in eines der kirchlich-diakonischen Arbeitsfelder. Auch Predigt und Sakrament sind keine absoluten Größen, sondern als Vollzüge von Interpretation geschichtlich bedingt. Dasselbe gilt für den biblischen Kanon und seine Auslegung. Warum auch sollte das Evangelium etwas sein, was sich der Kategorie des Absoluten zu fügen hätte? Gerade diejenigen Auslegungen biblischer Texte, die mit den Mitteln kritischer sozial- oder ideengeschichtlicher Exegese Quellen des Ethos und des Rechtes freilegen, tragen zur Einsicht in die geschichtlichen Wandlungen dieser kulturellen Formen bei und sind deshalb von dieser Kritik nicht betroffen.[21] Die Auslegung eines biblischen Textes kann also weder die konkrete Gestalt einer „Landeskirche" in der Tradition des westfälischen Friedens noch die der Diakonie im Sinne des konfessionellen Wohlfahrtsverbandes in Deutschland des ausgehenden 20. Jhts. begründen. Alle zumeist suggestiven Versuche in dieser Richtung sind einfach lächerlich. Wohl aber kann sie der engagierten Suche nach zeitgemäßen Formen einer christlichen Kultur der Bildung und des Helfens Geltung verschaffen. Und das ist dann ganz und gar nicht lächerlich. Sie liefert gewissermaßen Leitbilder für den kulturellen Hintergrund, nicht aber Anweisungen für den praktischpolitischen Vordergrund. Am Beispiel der offiziellen Begründung der Diakonie läßt sich dies leicht veranschaulichen. Verleiht die Grundordnung der EKD der Verkündigung nicht einen absoluten und weltentrückten Charakter, wenn sie auf der einen Seite „Verkündigung" als „Existenzgrund" und auf der anderen Seite „Diakonie", zusammen mit „Bildung" etwa, als „Wesensäußerung" bestimmt? Ausgehend davon, dass beides sowohl Menschenwerk ist, als auch beides gleichursprünglich in Gottes Handeln ruht, müßten wohl besser die „Versöhnung" als Angebot Gottes als Existenzgrund erkannt und dann „Verkündigung, Diakonie, Bildung etc." gemeinsam als mal eher explizite mal eher implizite Merkmale verstanden werden. Wichtiger aber: Es gibt zwischen Ideal und Pragmatik kein eindeutiges Verhältnis. Dies aber leugnen alle, die suggerieren, eine bestimmte Form der Frömmigkeit oder ein bestimmter gesellschaftlicher Auftrag ergäben sich zwingend aus dem biblischen Doppelgebot der Liebe. Die Ebenen im Dialog zwischen religiöser Symbolik und sozialer Praxis verhalten sich nun einmal keineswegs wie Elemente eines Syllogismus zueinander. *Vielmehr handelt es sich bei diesem Dialog um einen produktiven hermeneutischen Zirkel, in dem zwei Unbekannte sich dem Leser gegenseitig auslegen.* Was in der ersten Begegnung beide Seiten in einen Dialog bringt, ist zunächst vielleicht nur die Beobachtung, dass beide Male ein Element des Rituellen bedeutsam zu sein scheint. Es geht um kulturelle Form, Sprache, Musik, Gestaltbildung und symbolische Kommunikation. Dem religiösen Ritus im Gottesdienst stehen – möglicherweise unerlässliche – rituelle Elemente in der therapeutischen oder pädagogischen Praxis gegenüber. Das reicht aber nicht, um zu behaupten, beides sei das Gleiche. Ferner kennen wir aus den Primäraufgaben sozialer Arbeitsfelder die Maxime der Anerkennung der Menschenwürde. Sie hat ihre Wurzeln im modernen Freiheitsverständnis. Man kann den spätantiken Ritus der Taufe – versuchsweise – so interpretieren, dass man ihm

---

21 Vgl. u.a. *Crüsemann, F.* (1990); *Theisen, G.* (1998).

diese Maxime unterlegt und prüft, ob Kongruenzen sichtbar werden. Auch dies ist kein Schritt absoluter Notwendigkeit, sondern ein höchst kontingenter Vorgang. Wir wissen ja noch nicht, ob wir bei der Suche nach hermeneutischer Vergewisserung bei symbolisch-rituellen Formen aus ganz anderen Kontexten fündig werden. Das Gleiche gilt für eine Kirche, die sich fragt, ob bestimmte helfende Berufe im Rahmen des Priestertums aller Gläubigen geeignete Rollen bieten, um die Quellen des Christentums „amtlich" – d.h. in Verantwortung vor der Gemeinschaft – zu interpretieren. Was einen kirchlichen Träger und seine Angestellten miteinander verbindet, was religiöse Tradition und moderne Praxis miteinander zu tun haben, sollte deshalb nicht machtvoll in dogmatisch-starken, sondern zunächst einmal – bescheiden – mit pragmatisch-schwachen Annahmen ausgedrückt werden. Vielleicht reicht zunächst der folgende gemeinsame Nenner: Alle legen „Texte" aus! Auch „die Kirche" oder „der Kanon" ist kein vorgegebener „Gegenstand", den jemand als Archiv oder als Gehäuse zur Wiederholung eines ewig Identischen in die Welt gesetzt hätte, sondern der Entwurf einer sozialen Konstruktion und gesellschaftlichen Konvention, deren „Gegenständlichkeit" in Korrespondenz mit ihrer „Ungegenständlichkeit" ständig neu zu variieren ist. In der *Darstellung kultureller Inhalte* – und was ist ein Kindergarten, eine Schule, ein Krankenhaus anderes? – ist immer zwischen pragmatischem Vordergrund und symbolischem Hintergrund zu unterscheiden. Die „Gegenstände" medizinischen Handelns sind ebenso wenig naiv-realistisch als „Objekte" vorhanden wie die „Gegenstände" der Religion, auch sie sind vielmehr Symbole – die einen stehen eher für wissenschaftliche, die anderen für wissenschaftspraktische, wieder andere für wirtschaftlich-soziale Funktionen. Ist also schon ein „Krankenhaus" im Horizont eines Gesundheits-„Wesens" alles andere als selbstverständlich, wie vielmehr ist dann ein „evangelisches" Krankenhaus, ein „evangelischer" Kindergarten oder ein „evangelisches" Alten- und Pflegeheim eine kühne Aufgabe beständiger, lebendiger, kritischer Gestaltung. Wer – wie in Deutschland üblich, Hunderte von klinischen, pädagogischen und sozialen Einrichtungen mit Sinn und Verstand „evangelisch“ nennen möchte, kann dies eigentlich nur durchhalten, wenn klar ist, dass „evangelisch“ hier nur als Symbol gemeint sein kann, dass nämlich auf diese Weise ganz materielle Begegnungen in der profanen Welt als Vollzüge „des wahren, des ewigen Lebens“ als existentiell bedeutsam gedeutet und wahrgenommen werden, und zwar gerade so, dass wir, wie bereits oben formuliert „in Christus“ in der Solidarität aller Geschöpfe unaufgeregt menschlich und sterblich sein können.

Das „Programm“ der Kirche gemeinsam entwickeln

Sinnvoll und erforderlich ist deshalb ein kontinuierlicher Dialog der Organisationen, Professionen und Disziplinen auf der Basis theoretischer Entwürfe und empirischer Befunde, um von dort aus die Arbeit an der übergreifenden Frage in Angriff zu nehmen: Welche Formen gesellschaftlicher Praxis wollen wir entwickeln, um sie dann mit dem Namen und dem Programm „Kirche“ zu belegen, weil wir sie uns und anderen als unsere Weise der Symbolisierung des Evangeliums anbieten wollen? Soll dies nicht der Beliebigkeit, Naturwüchsigkeit oder dem schieren Machtentscheid anheim gestellt werden, so bedarf es hierfür einer ausgereiften politischen Verantwortung auf der Basis solider sozialwissenschaftlich-empirisch erhobener und kirchen- und gesellschaftstheoretisch reflektierter Befunde.

Worauf aber sollen diese „Angebote“ im Blick auf die Zukunft der Kirche hinauslaufen? Sollen sie die Kirche stabilisieren oder sanieren? „Welche Kirche?“, kann nun zurück gefragt werden. Muss ich immer „zahlendes Mitglied“ werden, um mein Einverständnis zu dokumentieren? Könnte ich mich in dieser Kirche nicht auch einfach nur taufen lassen, um mich dann aufzumachen wie weiland der Kämmerer aus dem Morgenland und meine eigene „Kirche“ gründen? Gott sei Dank müssen um der Legitimität von Kirchengründungen und um des vielfältigen Lebens nach „göttlichem Recht“ willen ja keine Religionskriege mehr geführt werden. Und was wird dann aus dem Erbe der Landeskirchen? Als ob wir noch vor der Entscheidung stünden, uns dieser Frage durch ein schlichtes „weiter so" in kleinerem Maßstab entziehen zu können! Es fragt sich doch, wer dieses Erbe überhaupt noch antreten will! Die Verwahrlosung dörflicher Kirchen in vielen Regionen Europas und in den östlichen deutschen Bundesländern führt uns drastisch vor Augen, was geschieht, wenn sich schlechterdings niemand mehr als Erbe empfindet. Wie lange wollen wir noch warten, dieses Erbe endlich freizugeben, damit Andere neue Formen von „Erbengemeinschaften" bilden. Die Verfassungen der überkommenen Landeskirchen suggerieren die Existenz staatsförmig geordneter, sogar demokratisch legitimierter Gemeinwesen unter der Führung einer weithin priesterlich autorisierten Regierung. Auch diesem klerikalen Staat im Staate aber laufen viele Bürger davon, und viele, die noch bleiben, interessieren sich nicht wirklich brennend für ihn. Haben wir nicht bereits reichliche Erfahrungen mit nicht-staatsförmigen Organisationstypen: Vereinen, GmbH's, Initiativen etc.? Warum dann so zögerlich, warum so heimlich, warum so kleinbürgerlich? Eine „Kirche" ist etwas öffentliches, renommiertes, respektables! Fidere aude! Haben wir den Mut, uns als Kirche ohne Bemutterung durch ein Konsistorium zu bewähren. Nichts gegen Konsistorien dort, wo sie passen! Gott segne die Kirchenämter! Die Legitimität kirchlicher Sozialgestalten hat sich aber stets neu zu prüfen und zu reformulieren.

Ich habe versucht, die hier vorgetragenen Überlegungen stets nah am konkreten Leben der Kirche zu orientieren, so wie es sich in Deutschland in den letzten 150 Jahren nun einmal entwickelt hat. Gleichwohl sollten dabei Alternativen und Optionen sichtbar werden, die über eine rein technokratische Bestandsverwaltung hinausführen. Von den Inhalten her will ich über die Formen nachdenken! Mit der Konzentration auf Inhalte aber stellen sich unter der Hand Fragestellungen ein, die uns nötigten, zum Teil sehr grundsätzliche – z.B. symboltheoretische – Überlegungen aufzunehmen. Dabei könnten die Horizonte natürlich noch viel weiter geöffnet werden.

Schließlich geht es um Dimensionen enormer Tragweite: Wird es künftig noch sozialmoralische Milieus geben, die sich sowohl gegen den Druck der materiellen Welteinheitskultur als auch gegen das Zerfließen in fortgesetzt neue Konstruktionen von Identitäten behaupten können? Welche Zukunft kann überhaupt eine Religion haben, die in ihren klassischen konfessionellen Ausprägungen die Einheit alteuropäischer Großreiche gewährleistete, – und dies angesichts der Tatsache, dass nicht mehr das Bestehen, sondern der katastrophale Untergang dieser Reiche bis auf den heutigen Tag das Schicksal von Millionen fundamental prägt!? Und weiter: Die großen konfessionellen Spaltungen prägen nach wie vor das offizielle Bild des Christentums. Hofft etwa ernsthaft irgendjemand auf eine ökumenische Überwindung dieser Spaltung? Wenn ja, welche Bedeutung hätte diese überhaupt? Ist das Leben nicht längst darüber hinweg gegangen? Was besagt die Tatsache, dass Menschen auch mit diesen Spaltungen dauerhaft friedlich miteinander leben können? Werden die Kirchen eines Tages den Mut haben einzugestehen, dass ihre gesamte Legitimation – trotz ihrer „Verfassungen" und ihrem einzigartigen Grad an innerer Verrechtlichung – auch nicht im Entferntesten den Anforderungen nationalstaatlich institutionalisierter Verfahren genügen kann, denen sie ja offensichtlich nacheifern? Werden sie erkennen, dass es eine Welteinheitsreligion oder ein Weltethos so wenig geben wird – und geben darf! – wie eine Weltregierung? Erst dann wäre der Ausblick frei auf eine Legitimation, die sich in dem Maße entwickeln könnte, in dem es gelänge, *trans*kulturelle Konflikte so in die Sprachen der betroffenen Kulturen zu übersetzen, dass sie mit Klärungsprozessen jeweils *innerhalb dieser Sprachräume* verknüpft werden können. Am konkreten Beispiel: Die Formen elaborierter säkularisierter europäischer Mehrheitskultur und viele zuweilen noch archaische Kulturen von Migrantinnen und Migranten leben in europäischen Ballungsräumen erfahrungsgemäß in völliger Sprachlosigkeit nebeneinander her. Diese Fremdheit nivelliert sich in der Regel im Zuge beiderseitiger Anpassung an eine materielle Massenkultur, die dann ihrerseits wieder –

angesichts ihres geringen Sinngehaltes – die Ausbildung kultureller Gegenwelten provoziert. Wie kann nun gewährleistet werden, dass solche Wandlungen sich an den Rahmen einer Zivilgesellschaft halten, die sich auf ein Mindestmaß an universeller Gemeinsamkeit einigt? Werden sich die Kulturen auf einen vernunftgeleiteten „Verfassungspatriotismus" hin zentrieren lassen, wenn sie gleichzeitig weiterhin gegeneinander „stumm" bleiben? Die Geschichte des europäischen Judentums – aber auch die Erfahrungen mit etlichen anderen Minoritäten – spricht eminent gegen diese Vermutung. Es kann jahrhundertelang „gut gehen", doch dann bricht der Konflikt brutal hervor. Je mehr die Macht der Mythen unterschätzt und rational übersprungen wird, desto mehr wird sich diese Macht dort ausbreiten, wo der rationale Diskurs wenig Anreize bietet: in der Jugend, bei den Opfern von Modernisierungen, in allen Minderheitskulturen. Was, wenn es vielerorts gar keine „Mehrheitskulturen" mehr geben wird, sondern nur noch Agglomerationen von Minoritäten? Um der Zukunft eines menschenwürdigen Zusammenlebens willen muss Religion – Leidenschaft, Mythos, Erhebung, Dogma, Ethos, kollektiver Lebenshunger, aber auch Rausch, Apokalypse, Dämonisierung, kollektive Todesfurcht – zivilisiert und kultiviert werden. Hätte eine religiöse Praxis auf der Basis etwa der vorstehend ausgeführten Symboltheorie überhaupt Chancen bei der Überwindung des tiefen Grabens zwischen Glauben und Wissen gegen die Macht neuer und alter Fundamentalismen? Kann Religion sowohl im Sinne ihrer Funktion als Kontingenzbewältigung als auch als Stifterin von Solidarität *bescheiden* werden, auf den Anspruch der Letztbegründung verzichten und dennoch *engagiert* auf je eigentümliche Weise an der Idee eines egalitären Universalismus teilhaben? Ich meine, das geht. Künftige Schwerpunkte weiterer Untersuchungen über religiöse Formen gesellschaftlicher Bildung könnten bestehen in:

- Studien und daraus abgeleitete Konzepte zur (inter-)kulturellen Fundierung sozialer Praxis

- Studien und daraus abgeleitete Konzepte zur Entwicklung expliziter Formen von Religion und Spiritualität in der gesellschaftlichen Praxis,
- Studien und daraus abgeleitete Konzepte zur Entwicklung gesellschaftlicher Praxisfelder im Bereich von Bildung und Wohlfahrtspflege jeweils differenziert nach den vier Grundperspektiven (Träger, Mitarbeiter, Klient, Kostenträger).

Ist das nun die rechte Medizin zur Genesung des deutschen Protestantismus? Nun, kluge Ärzte überschätzen ihre Kunst nicht. Sie wissen, dass Gesundheit etwas Verborgenes ist (Gadamer) und dass sie nur die Selbstheilungskräfte des Organismus unterstützen können. Ich sehe den deutschen Protestantismus seit seiner Lösung vom „christlichen Staat" durch die Höhen und Tiefen der Säkularisierung auf einem langen Weg der Genesung, nicht zuletzt durch Verschlankung.[22] Ich möchte meine Kirche dabei unterstützen, indem ich zur Besinnung an die Kraft unserer Bibel appelliere. Was da geschrieben steht, ist große Weltliteratur. Aber da renne ich ja offene Türen ein. Ich warne vor einer einseitigen sozialmoralisch-deklaratorischen Politisierung des Evangeliums. Aber das haben andere schon viel besser formuliert, z.B. Karl Richard Ziegert mit erfrischender Polemik neulich im Pfarrerblatt und Rainer Anselm in einer sorgfältigen theologischen Analyse. Die politische Kraft des deutschen Protestantismus zeigt sich noch immer am besten und auch öffentlich sichtbar in der täglichen Arbeit in den Gemeinden, Einrichtungen, Initiativen und Dienststellen in den Landeskirchen und in der Diakonie. Darauf hinzuweisen, war mein bescheidener Beitrag. Und ich freue mich an der deutlichen Verbesserung der liturgischen Qualität in vielen Gottesdiensten. Gerade habe ich es wieder beim voll besetzten Festgottes-

---

22 Seit geraumer Zeit wächst die Literatur zur Zukunft des Protestantismus, zur Religions-, Kirchen- und Christentumsforschung erneut stetig an; es sei hier nur auf einige Titel hingewiesen: *Krech, V.* (1997); *Kroeger, M.* (1997); *Huber, W.* (1998); *Broll, B.* (1999); *Kippenberg, H. G., Rüpke, J., von Stuckard, K.*

dient mit der Hamburger Polizei am 2. Advent 2014 in der Hauptkirche St. Jakobi in Hamburg bei meinem Freund Frank Rutkowski erlebt. Die Leute kommen nicht, weil sie sich wie vielleicht noch manche in den 1950er Jahren einer hanseatischen Honoratiorenpflicht unterwerfen. Die Leute kommen, weil sie seelsorglich überzeugt wurden.

(2009, Hrsg.); *Ebertz, M. N.; Schützeichel, R.* (2010, Hrsg.); *Pickel, G. , Sammet, K.* (2011); *Ebertz, M. N.* (2012); *Ebertz, M. N.; Eberhardt, M.; Lang, A.* (2012).

Literatur

Anselm, R. (2006), Von der theologischen Legitimation des Staates zur kritischen Solidarität mit der Sphäre des Politischen, in: *Tim Unger* (2006, Hrsg.): Was tun? Lutherische Ethik heute, Hannover, 82-102.

Backhaus-Maul, H. (1999), Die Subsidiaritätsidee in den Zeiten der Kostenrechnung, in: *Olk, T., Otto, H.-U.* (1999, Hrsg.), Soziale Arbeit als Dienstleistung, Neuwied, 22ff.

Broll, B. (1999), Steuerung kirchlicher Wohlfahrtspflege durch die verfaßten Kirchen, Stuttgart.

Cassirer, E. (1923, 1953², 1994¹⁰), Philosophie der symbolischen Formen I, Darmstadt.

Claussen, J. H. (2014), Gottes Klänge. Eine Geschichte der Kirchenmusik, München.

Combe, A., Helsper, W. (1996, Hrsg.), Pädagogische Professionalität. Untersuchungen zum Typus pädagogischen Handelns, Frankfurt.

Crüsemann, F. (1990), Das Alte Testament als Grundlage der Diakonie, in: *Schäfer, G., Strohm, Th.* (1990, Hrsg.), Diakonie – Biblische Grundlagen und Orientierungen. Ein Arbeitsbuch, Heidelberg, 67 – 93.

Ebertz, M. N. (2012), Was glauben die Hessen? Ergebnisse einer Untersuchung im Auftrag des Hessischen Rundfunks, Freiburg.

Ebertz, M. N.; Eberhardt, M.; Lang, A. (2012), Kirchenaustritt als Prozess: Gehen oder bleiben? Eine empirisch gewonnene Typologie, Berlin / Münster.

Ebertz, M. N.; Schützeichel, R. (2010, Hrsg.), Sinnstiftung als Beruf, Wiesbaden.

Frerk, C. (2002), Finanzen und Vermögen der Kirchen in Deutschland, Aschaffenburg.

Gadamer, H.-G. (1994[3]), Über die Verborgenheit der Gesundheit, Frankfurt.

Gatz, E. (2000), Geschichte des kirchlichen Lebens. Band VI: Kirchenfinanzen, Freiburg.

Habermas, J. (1998), Die postnationale Konstellation. Politische Essays, Frankfurt M.

Hammer, F. (2002), Rechtsfragen der Kirchensteuer, Tübingen.

Heinig, H. M. / Walter, C. (2007, Hrsg.): Staatskirchenrecht oder Religionsverfassungsrecht? Ein begriffspolitischer Grundsatzstreit. Tübingen.

Herrmann, H. (2003), Kirche, Kapital, Klerus. Hintergründe einer deutschen Allianz, Münster.

Hildenbrandt, B., Welter-Enderlin, R. (1992), Ausbildung im Rahmen des Meilener Konzepts familientherapeutischen Wissens und Handelns, in: System Familie 1992/5, 197 - 206.

Houellebecq, M. (2015), Unterwerfung: Roman, Köln.

Huber, W. (1998), Kirche in der Zeitenwende. Gesellschaftlicher Wandel und Erneuerung der Kirche.

Janz, O. (1994), Bürger besonderer Art. Evangelische Pfarrer in Preußen 1850-1914, Berlin, New York.

Jüngel, E. (1998), Das Evangelium von der Rechtfertigung des Gottlosen als Zentrum des christlichen Glaubens, Tübingen.

Kaiser, J.-C. (1998), Die Bedeutung des religiösen Faktors für die soziale Arbeit im 19. und 20. Jahrhundert in Deutschland – Bilanz der Forschung, in: *Götzelmann, A., et al.* (1998, Hrsg.), Diakonie der Versöhnung. Ethische Reflexion und soziale

Arbeit in ökumenischer Verantwortung (Festschrift für Theodor Strohm), Stuttgart, 116 – 131.

Kippenberg, H. G. / Rüpke, J. / von Stuckard, K. (2009, Hrsg.), Europäische Religionsgeschichte. Ein mehrfacher Pluralismus, Göttingen.

Krech, V. (1997), Wo liegen Herausforderungen kirchlichen Handelns? Organisations- und professionssoziologische Überlegungen zu Kirchen- und Gemeindereformen, in: Jahresbericht 1997 der Forschungsstätte der Evangelischen Studiengemeinschaft, Heidelberg: FESt.

Kroeger, M. (1997), Die Notwendigkeit der unakzeptablen Kirche. Eine Ermutigung zu distanzierter Christlichkeit, München

Kuhlemann, F.-M. (2001), "Bürgerlichkeit und Religion". Zur Sozial- und Mentalitätsgeschichte der evangelischen Pfarrer in Baden 1860-1914, Göttingen.

Lienemann, W. (1989, Hrsg.), Die Finanzen der Kirche, München.

Luhmann, N. (1972), Die Organisierbarkeit von Religionen und Kirchen, in: *Wössner, J.* (1972, Hg.), Religion im Umbruch: soziologische Beiträge zur Situation von Religion und Kirche in der gegenwärtigen Gesellschaft, Stuttgart, 245-285.

Mathys, H. P. (1998, Hrsg.), Ebenbild Gottes – Herrscher über die Welt, Neukirchen.

Maurer, E. (1998), Rechtfertigung. Konfessionstrennend oder konfessionsverbindend? (Ökumenische Studienhefte 8), Göttingen.

Osterhammel, J. (2013), Die Verwandlung der Welt. Die Geschichte des 19. Jahrhunderts, München.

Pickel, G., Sammet, K. (2011), Religion und Religiosität im vereinigten Deutschland. Zwanzig Jahre nach dem Umbruch, Wiesbaden.

Pohl-Patalong, U. (2004), Orte religiösen Lernens, Gütersloh.

Pohl-Patalong, U. (2004), Orte religiösen Lernens, Gütersloh.

Pohl-Patalong, U. (2004), Von der Ortskirche zu kirchlichen Orten, Göttingen.

Pospischil, A. (2013), Kirchensteuer im 21. Jahrhundert, Berlin.

Rau, G., Reuter, H.-R., Schlaich, K. (1997, Hrsg.), Das Recht der Kirche. Bde. I. - III. Zur Theorie des Kirchenrechts (FBESt 49 - 51), Gütersloh.

Reuter, H.-R. (1996), Die Bedeutung der kirchlichen Dienste und Werke und Verbände im Leben der Kirche, in: Pasttheol 85/1996/1, 33 - 50.

Reuter, H.-R. (1997), Der Begriff der Kirche in theologischer Sicht, in *Rau, G., Reuter, H.-R., Schlaich, K.* (1997, Hrsg.), Bd. I: 23 - 75.

Rudolph, E. (1996), Religion als Kulturkritik, in: IZPh 1/1996, 74 – 88.

Schubert, H. v. et al. (1998), Von der Seele reden. Eine empirisch-qualitative Studie über psychotherapeutische Beratung in kirchlichem Auftrag, Neukirchen.

Theisen, G. (1998), Die Rede vom großen Weltgericht (Mt 25, 31 – 46). Universales Hilfsethos gegenüber allen Menschen?, in: *Götzelmann, A., et al.* (1998, Hrsg.), Diakonie der Versöhnung. Ethische Reflexion und soziale Arbeit in ökumenischer Verantwortung (Festschrift für Theodor Strohm), Stuttgart, 60 – 70.

Wagner, P. (1995), Soziologie der Moderne: Freiheit und Disziplin, Frankfurt M., New York.

Ziegert, K.R. (2014), Dieses Spiel ist aus. Über das verdrängte Sterben der EKD-Kirchenwelt, in: Deutsches Pfarrerblatt, 10/2014, 558-563.

Printed by Books on Demand GmbH, Norderstedt / Germany